Um experimento
em *crítica literária*

Tradução:
Carlos Caldas

Um experimento
em *crítica literária*

C. S.
LEWIS

Edição *especial*

Título original: *An Experiment in Criticism*

Copyright © 1961 by Cambridge University Press.
Edição original por HarperCollins *Publishers*. Todos os direitos reservados.
Copyright de tradução © Vida Melhor Editora LTDA., 2019.

Os pontos de vista desta obra são de responsabilidade de seus autores e colaboradores diretos, não refletindo necessariamente a posição da Thomas Nelson Brasil, da HarperCollins Christian Publishing ou de sua equipe editorial.

Gerente editorial	*Samuel Coto*
Editor	*André Lodos Tangerino*
Assistente editorial	*Bruna Gomes*
Copidesque	*Clarissa Melo*
Revisão	*Davi Freitas e Jean Xavier*
Diagramação	*Sonia Peticov*
Capa	*Rafael Brum*

CIP-BRASIL. CATALOGAÇÃO NA FONTE
SINDICATO NACIONAL DOS EDITORES DE LIVROS, RJ

L652e
Lewis, C. S. (Clive Staples), 1898-1963
  Um experimento em crítica literária / C.S. Lewis; tradução de Carlos Caldas. — Rio de Janeiro: Thomas Nelson, 2019.
  160 p.

  Tradução de: *An Experiment in Criticism*
  ISBN 978-85-7167-043-3

1. Crítica 2. Literatura — História e crítica I. Título II. Caldas, Carlos

19-1137   CDD: 801.95
                                                     CDU: 801.73

Thomas Nelson Brasil é uma marca licenciada à Vida Melhor Editora LTDA.
Todos os direitos reservados à Vida Melhor Editora LTDA.
Rua da Quitanda, 86, sala 218 — Centro
Rio de Janeiro — RJ — CEP 20091-005
Tel.: (21) 3175-1030
www.thomasnelson.com.br

Um experimento
em *crítica literária*

Clive Staples Lewis (1898-1963) foi um dos gigantes intelectuais do século XX e provavelmente o escritor mais influente de seu tempo. Era professor e tutor de literatura inglesa na Universidade de Oxford até 1954, quando foi unanimemente eleito para a cadeira de Inglês Medieval e Renascentista na Universidade de Cambridge, posição que manteve até a aposentadoria. Lewis escreveu mais de 30 livros que lhe permitiram alcançar um vasto público, e suas obras continuam a atrair milhares de novos leitores a cada ano.

SUMÁRIO

Capítulo 1	Os poucos e os muitos	9
Capítulo 2	Falsas caracterizações	13
Capítulo 3	Como os poucos e os muitos fazem uso de imagem e música	23
Capítulo 4	A leitura dos não literatos	36
Capítulo 5	A respeito do mito	49
Capítulo 6	Os significados de "fantasia"	60
Capítulo 7	Sobre realismos	68
Capítulo 8	Sobre a leitura equivocada dos literatos	85
Capítulo 9	Levantamento	98
Capítulo 10	Poesia	105
Capítulo 11	O experimento	114
Epílogo		141
Apêndice	Uma nota sobre Édipo	153

CAPÍTULO | 1

Os *poucos* e os *muitos*

Neste ensaio, eu proponho conduzir um experimento. A crítica literária tem como função geral avaliar livros. Qualquer avaliação que ela faz a respeito das leituras dos livros pelos homens é um corolário de sua avaliação dos próprios livros. Um mau gosto é, por definição, um gosto por maus livros. Quero descobrir que espécie de cenário resultaria da inversão desse processo. Vamos estabelecer como base uma distinção entre leitores ou tipos de leitura, e a distinção entre os livros como o corolário. Vamos tentar descobrir até que ponto seria plausível definir um bom livro como um livro que é lido de um jeito, e um mau livro como um livro que é lido de outro.

Acho que vale a pena tentar, porque me parece que o procedimento normal envolve quase sempre uma implicação falsa. Se dissermos que A gosta de (ou tem preferência por) revistas femininas e B gosta de (ou tem preferência por) Dante, soará como se *gostos* e *preferências* tivessem o mesmo sentido quando aplicados a ambos, como se fossem uma atividade única, ainda que os objetos aos quais estejam direcionados sejam diferentes. Mas a observação me convence de que, pelo menos em geral, isso não é verdade.

Já em nosso tempo de estudantes, alguns de nós estávamos tendo nossas primeiras reações à boa literatura. Outros, e esses a maioria, liam *O capitão* na escola e, em casa, romances curtinhos emprestados da biblioteca circulante. Mas era evidente então que a maioria não "gostava" de seu conteúdo como nós "gostávamos" do nosso. Isso ainda é evidente. A diferença salta aos olhos.

Em primeiro lugar, a maioria nunca lia a mesma coisa duas vezes. A marca incontestável de um não literato é que ele toma "já li isso" como sendo um argumento conclusivo para não ler uma obra. Todos nós conhecemos mulheres que se lembravam de um romance de maneira tão vaga que elas tinham de ficar em pé na biblioteca por meia hora folheando-o antes de estarem certas de que já o haviam lido. No momento em que tinham certeza, descartavam-no imediatamente. Para elas, aquele livro estava morto como um fósforo riscado, um bilhete de metrô usado ou o jornal de ontem — elas já o haviam usado. Por outro lado, aqueles que leem grandes obras as lerão dez, vinte, trinta vezes no decorrer de suas vidas.

Em segundo lugar, a maioria, ainda que muitas vezes seja leitora frequente, não dá muita importância à leitura. Dedica-se a ela como último recurso. Abandona-a com entusiasmo tão logo surge qualquer passatempo alternativo. A leitura é reservada para viagens de trem, quando se está doente, momentos estranhos de solidão forçada ou o processo chamado "ler para dormir". Por vezes, essa maioria combina a leitura com conversas aleatórias e, com frequência, com ouvir o rádio. Literatos, por sua vez, estão sempre procurando tempo livre e silêncio para ler, e com toda atenção. Se lhes é negada tal leitura atenta e sem perturbação, mesmo que por alguns poucos dias, eles se sentem empobrecidos.

Em terceiro lugar, a primeira leitura de uma obra literária geralmente é, para os literatos, uma experiência tão marcante que apenas vivências como o amor, a religião ou o luto podem servir de comparação. Toda a consciência deles é mudada. Eles já não são mais os mesmos. Entretanto, não há nenhum indício de qualquer coisa parecida entre o outro tipo de leitores. Quando terminam um conto ou um romance, pouca coisa, ou absolutamente nada, parece ter ocorrido a eles.

Por fim, e como resultado natural de seu diferente comportamento quanto à leitura, o que eles leram está constante e preeminentemente presente na mente dos poucos, mas não dos muitos. Aqueles sussurram na solidão seus versos e estrofes favoritos. Cenas e personagens de livros fornecem-lhes uma espécie de iconografia pela qual eles interpretam ou sumarizam sua própria experiência. Falam uns com os outros com frequência e em profundidade a respeito de livros. Os muitos raramente pensam ou falam a respeito de suas leituras.

Está bem claro que a maioria, se falasse sem paixão e fosse totalmente articulada, não nos acusaria de gostar dos livros errados, mas de fazer muito estardalhaço quanto a qualquer livro. Nós consideramos como um ingrediente principal para o nosso bem-estar algo que para eles é periférico. Daí a dizer de modo simplista que eles gostam de uma coisa e nós de outra é deixar de lado quase a totalidade dos fatos. Se *gostar* é a palavra correta para o que eles fazem com livros, é preciso encontrar outra para aquilo que fazemos. Ou, de modo inverso, se nós *gostamos* do nosso tipo de livro, não devemos dizer que eles *gostam* de qualquer outro. Se os poucos têm "bom gosto", então não devemos dizer que algo como "mau gosto" existe: pois a inclinação que os muitos têm para seu tipo de leituras não é a mesma coisa e, se a palavra for usada univocamente, não seria chamada de gosto de modo algum.

Ainda que eu deva me preocupar quase inteiramente com a literatura, vale a pena observar que a mesma diferença de atitude é demonstrada quanto a outras artes e à beleza natural. Muitas pessoas gostam de música popular de uma maneira que é compatível com o cantarolar da melodia, bater o pé para acompanhar o ritmo, conversar e comer. E quando a melodia popular não está mais na moda, não desfrutam mais dela. Os que apreciam Bach reagem de modo completamente diferente. Alguns compram quadros porque as paredes "parecem tão nuas sem eles" e, depois de uma semana com eles na parede, tornam-se praticamente invisíveis. Mas há uns poucos que saboreiam um grande quadro por anos. Com relação à natureza, a maioria "gosta de uma bela vista, assim como todo mundo", sem dizer uma palavra contra ela. Mas fazer da paisagem um fator realmente importante para, digamos, escolher um lugar para passar um feriado — para colocá-la em um nível de consideração tão sério quanto o seria um hotel de luxo, um bom campo de golfe e um clima ensolarado — parece-lhe uma presunção. Para a maioria, "dar importância" às paisagens, como fez Wordsworth,[1] seria uma bobagem.

---

[1]William Wordsworth (1770-1850) foi um dos principais poetas do Romantismo inglês. [N. T.]

CAPÍTULO 2

Falsas
caracterizações

No sentido lógico, é um "acidente" que os leitores de um tipo sejam muitos e os de outro, poucos, e os dois tipos não sejam caracterizados por essa perspectiva numérica. Nossa preocupação é com os diferentes tipos de leitura. Constatações comuns já nos capacitaram a fazer uma descrição rápida e aproximada, mas devemos tentar avançar um pouco mais. O primeiro passo é eliminar algumas identificações precipitadas dos "poucos" e dos "muitos".

Alguns críticos escrevem sobre aqueles que constituem os "muitos" no campo da literatura como se pertencessem aos muitos em todos os aspectos e, de fato, à ralé. Eles os acusam de analfabetismo, barbarismo, de reações "brutas", "grosseiras" e "vulgares" que (é sugerido) faz deles desajeitados e insensíveis em todas as relações da vida e os tornam um perigo permanente à civilização. Algumas vezes soa como se a leitura de ficção "popular" tivesse a ver com torpeza moral. Não creio que isso seja corroborado pela experiência. Tenho uma noção de que esses "muitos" incluem certas pessoas iguais ou superiores a alguns dos poucos em termos de saúde psicológica, virtude moral, prudência prática, boas maneiras e capacidade de adaptação em geral. E todos nós sabemos muito bem que

13

nós, os literatos, temos uma porcentagem não pequena de ignorantes, grosseiros, imaturos, pervertidos e truculentos. Não devemos tomar parte do *apartheid* apressado e generalizado daqueles que ignoram isso.

Ainda que não tivessem outro defeito, ainda seriam muito esquemáticas. Os dois tipos de leitores não estão separados por barreiras irremovíveis. Indivíduos que já pertenceram aos muitos se convertem e se juntam aos poucos. Outros desertam dos poucos para os muitos, como tantas e tantas vezes descobrimos com tristeza quando encontramos um antigo colega de escola. Os que estão em um nível "popular" no que diz respeito a uma arte podem ser apreciadores profundos de outra — músicos algumas vezes têm preferências deploráveis em poesia. E muitos que dão pouca importância à arte podem, mesmo assim, ser pessoas de grande inteligência, erudição e sutileza.

Esse fenômeno não nos surpreende muito, porque a erudição deles é de uma espécie diferente da nossa, e a sutileza de um filósofo ou de um físico é diferente da de um literato. O mais surpreendente e perturbador é o fato de que aqueles de quem se esperaria *ex officio*[1] uma admiração profunda e permanente da literatura, na verdade, pode não ter nada disso. São meros profissionais. Talvez houvesse um tempo em que possuíam uma dedicação completa, mas o "bater, bater, bater do martelo na estrada dura" há muito a diminuiu. Tenho em mente aqueles acadêmicos infelizes em universidades estrangeiras que não conseguem "garantir seus empregos" a não ser que publiquem constantemente artigos que digam, ou pareçam dizer, algo novo a respeito de alguma obra literária, ou aqueles revisores sobrecarregados de trabalho que passam de

---

[1] A expressão latina *ex officio* significa "por (força da) função", isto é, por obrigação, por causa do trabalho que se realiza. [N. T.]

um romance para o outro o mais rápido que podem como um garoto preparando-se para o vestibular. Para tais pessoas, ler, com frequência, se torna um simples trabalho. O texto diante delas não tem valor em si mesmo, existindo apenas como matéria-prima, argila com a qual fazem sua história de tijolos. Ocorre daí que, em seu tempo livre, elas leem, se é que leem, como os muitos. Eu me lembro do olhar esnobe que certa vez recebi de um homem, depois de uma reunião de examinadores, a quem fiz menção de um grande poeta a respeito de quem muitos dos candidatos haviam dissertado. A atitude dele (não recordo as palavras que usou) poderia ser assim expressa: "Meu Deus, homem, você quer continuar *depois do horário de trabalho*? Você não ouviu o sinal tocar?" Para aqueles que foram reduzidos a essa condição por necessidade econômica e excesso de trabalho, eu não tenho outro sentimento a não ser compaixão. Infelizmente, a ambição e o espírito beligerante também podem produzir isso. E, seja lá como é fabricada, essa condição destrói a apreciação. Os "poucos" que estamos procurando não podem ser identificados com os *cognoscenti*.[2] Nem Gigadibs[3] nem Dryasdust[4] estão necessariamente entre eles.

Menos ainda é aquele que corre atrás de *status*. Assim como há, ou havia, famílias e círculos nos quais é quase uma necessidade social demonstrar interesse em caçadas, jogos de

---

[2] Palavra italiana que designa especialistas em um determinado assunto. [N.T.]
[3] Gigadibs é um personagem que aparece em um poema de Robert Browning, poeta inglês do século XIX. No poema, o bispo anglicano Blougram conversa com um jornalista chamado Gigadibs a respeito da natureza da realidade e da fé. [N.T.]
[4] Dryasdust é um personagem fictício criado pelo romancista escocês Walter Scott que apresentava informações que auxiliariam na compreensão dos seus romances. [N.T.]

críquete ou no Registro do Exército,[5] há outros nos quais é necessária grande independência para não falar a respeito da literatura canônica — e, por conseguinte, ocasionalmente lê-la —, em especial as obras novas e surpreendentes, e aquelas que foram banidas ou se tornaram, de um modo ou de outro, tema de controvérsia. Leitores desse tipo, esse "pequeno vulgar", agem exatamente como aqueles do tipo "grande vulgar" em certo aspecto. São inteiramente dominados pela moda. Deixam de lado os poetas georgianos[6] e começam a admirar o Sr. Eliot,[7] admitem que Milton[8] está "deslocado" e descobrem Hopkins[9] exatamente no momento certo. Eles não vão gostar do seu livro se a dedicatória começa com *A* em vez de *Para*. Todavia, enquanto isso acontece no andar debaixo, a única experiência literária real em uma família como essa está acontecendo em um quarto, nos fundos da casa, onde um menininho está lendo *A ilha do tesouro* debaixo das cobertas, à luz de uma lanterna.

O entusiasta da cultura vale, como pessoa, muito mais que aquele que busca *status*. Ele lê e também visita galerias de arte e salas de concerto não para ser aceito, mas para se aprimorar,

---

[5]Registro do Exército (*Army List* em inglês) é uma tradição britânica que vem do século XVIII. São listas de todos aqueles que serviram no exército inglês, com datas de admissão e baixa das Forças Armadas, em que posto serviram, e assim por diante. [N. T.]

[6]Os poetas georgianos formavam um grupo assim chamado porque se estabeleceram no início do reinado de George V, nas primeiras décadas do século XX. [N. T.]

[7]Muito provavelmente a referência é a T. S. Eliot (1888-1965), norte-americano naturalizado britânico, um dos poetas mais influentes do século XX, tendo sido contemplado com o Nobel de Literatura em 1948. [N. T.]

[8] John Milton, poeta puritano inglês do século XVIII, autor da célebre obra *Paraíso perdido*. [N. T.]

[9]Gerard Manley Hopkins (1844-1889), padre jesuíta e poeta inglês, tido como dos mais importantes da Era Vitoriana na Inglaterra. [N. T.]

desenvolver suas potencialidades, tornar-se um ser humano mais completo. É sincero e pode ser modesto. Longe de seguir a moda de maneira obediente, ele provavelmente se apegará de forma exclusiva aos "autores consagrados" de todas as épocas e nações, "o melhor que já foi pensado e dito no mundo". Faz poucas experiências e tem poucos favoritos. Ainda assim, esse homem valoroso pode não ser, de jeito algum, no sentido com o qual me preocupo, um verdadeiro amante da literatura. Pode estar tão distante disso quanto aquele que faz exercícios com halteres toda manhã está de ser um amante de jogos. Praticar esportes contribuirá, em geral, para a perfeição física, mas, caso se torne a única razão para praticá-los, eles deixarão de ser jogos e se tornarão apenas "exercícios".

Sem dúvida, um homem que gosta de jogos (e também de comer com exagero) pode agir de maneira muito adequada, com base em motivos médicos, quando dá prioridade geral ao seu gosto por esportes. Da mesma maneira, alguém com gosto por boa literatura e por mera literatura de passatempo pode, razoavelmente, por motivos culturais, priorizar a boa literatura. Mas, em ambos os casos, estamos pressupondo um gosto genuíno. O primeiro homem escolhe futebol em vez de um almoço colossal porque o jogo, assim como o almoço, é uma das coisas de que ele gosta. O segundo se volta a Racine em vez de E. R. Burroughs porque *Andrômaca*,[10] assim como *Tarzan*,[11] é um atrativo para ele. Mas ir ao jogo em particular

---

[10]*Andrômaca* é uma peça de Jean Racine, dramaturgo francês do século XVII. Na peça, Andrômaca, viúva de Heitor, morto por Aquiles durante a Guerra de Troia, é desejada por Pirro, filho de Aquiles, mas não corresponde aos seus sentimentos. [N. T.]
[11]Edgar Rice Burroughs, escritor norte-americano, notório por seus livros de fantasia, aventura e ficção científica, sendo *Tarzan* sua criação mais famosa. [N. T.]

apenas por um motivo médico ou à tragédia sem nada além de um desejo de autodesenvolvimento não é nem jogar um nem desfrutar o outro de verdade. Ambas as atitudes fixam sua intenção última no sujeito. Ambas tratam como meio algo que deve, enquanto você joga ou lê, ser tratado com um fim em si mesmo. Você deveria estar pensando em gols, não em "preparo físico". A sua mente deve ser absorvida — e, se assim acontece, quanto tempo você tem para uma abstração tão depressiva quanto a cultura? — naquele jogo de xadrez espiritual no qual "paixões entalhadas primorosamente em versos alexandrinos" são as peças e os seres humanos, as casas do tabuleiro.[12]

Esse tipo trabalhoso de leitura equivocada talvez seja especialmente predominante em nossa própria época. Um triste resultado de transformar a Literatura Inglesa em "disciplina" em escolas e universidades é que a leitura dos grandes autores é, desde os primeiros anos da vida estudantil, impressa nas mentes de jovens conscienciosos e submissos como algo meritório. Quando o jovem em questão é um agnóstico cujos ancestrais eram puritanos, tem-se um estado de espírito deplorável. A consciência puritana trabalha sem a teologia puritana — como a mó do moinho que gira sem nada moer; como suco gástrico trabalhando em um estômago vazio e produzindo úlceras. A juventude infeliz aplica à literatura todos os escrúpulos, o rigor, o autoexame, a desconfiança do prazer que seus antepassados aplicavam à vida espiritual — e logo, talvez, toda a intolerância e o senso de justiça própria. A doutrina do Dr. I. A. Richards na qual a leitura correta de boa poesia tem um verdadeiro valor terapêutico confirma que ele possui essa atitude. As Musas assumem o papel de

---

[12]Devo esta caracterização de Racine ao Sr. Owen Barfield.

Eumênides.[13] Certa jovem confessou de maneira muito penitente a um amigo meu que seu desejo profano de ler revistas femininas era uma tentação persistente.

É a existência desses puritanos literários que me dissuadiu de aplicar a palavra *sério* a certo tipo de leitores e leituras. Ela aparenta ser, a princípio, a palavra que queremos. Mas é fatalmente equivocada. Por um lado, pode significar algo como "grave" ou "solene"; por outro lado, algo como "abrangente", "sincero", "cheio de energia". Por isso, dizemos que Smith "é um homem sério", querendo com isso dizer que ele é o contrário de alegre, e que Wilson é um "estudante sério", querendo dizer que ele estuda muito. O homem sério, em vez de ser um estudante sério, pode ser alguém raso e diletante. O estudante sério pode ser tão brincalhão quanto Mercúcio.[14] Algo pode ser feito seriamente em um sentido, e ainda assim não em outro. O homem que joga futebol por conta de sua saúde é um homem sério: mas nenhum futebolista de verdade dirá que é um jogador sério. Ele não está comprometido de coração com o futebol; não se importa de verdade. De fato, sua seriedade enquanto homem envolve sua frivolidade enquanto jogador; ele "joga por jogar", finge jogar. Já o leitor verdadeiro lê cada obra com seriedade, no sentido que lê com todo o coração, tornando-se o mais receptivo que pode. Mas, por essa mesma razão, provavelmente não vai conseguir ler todos os livros de maneira solene ou grave. Pois lerá "no mesmo espírito que o autor escreveu". O que foi escrito para ser lido com leveza será lido

---

[13] *Eumênides* é uma tragédia do escritor grego Ésquilo, datada do quarto século a. C. [N. T.]
[14] Mercúcio é um personagem de *Romeu e Julieta*, a mais conhecida peça de William Shakespeare. Ele é apresentado como sendo bem-humorado, galhofeiro e debochado. [N. T.]

com leveza, e o que foi escrito para ser lido com seriedade, será lido com seriedade. Ele vai "rir e se sacudir na poltrona de Rabelais" ao ler as *faibliaux*[15] de Chaucer[16] e reagir com requintada frivolidade a *The Rape of the Lock* ("O roubo da trança").[17] Desfrutará de uma iguaria como uma iguaria e uma tragédia como uma tragédia. Nunca vai cometer o erro de mastigar chantili como se fosse carne de caça.

É aí que os puritanos literários fracassam de modo mais lamentável. Eles são sérios demais enquanto homens para serem seriamente receptivos enquanto leitores. Ouvi a leitura de um trabalho de um estudante de graduação a respeito de Jane Austen, e se não tivesse lido os livros dela, jamais teria descoberto que há um indício mínimo de humor nos romances que ela escreveu. Depois de uma palestra que ministrei, fui de Mill Lane até Magdalen acompanhado por um jovem que estava protestando com angústia e horror verdadeiros contra minha sugestão ferina, vulgar e irreverente que "O conto do moleiro"[18] foi escrito para fazer as pessoas rirem. E ouvi de outro que acha que *Noite de reis*[19] é um estudo profundo da relação do indivíduo com a sociedade. Estamos criando uma raça de jovens que são tão solenes

---

[15] A palavra francesa *faibliaux* é usada para designar poemas humorísticos curtos produzidos na Idade Média, de tom obsceno. Poderia ser traduzida como "baixaria". [N. T.]
[16] Geoffrey Chaucer, escritor inglês do século XV, sendo *Contos da Cantuária* sua obra mais conhecida. [N. T.]
[17] "O roubo da trança" (*The Rape of the Lock*) é um poema burlesco de Alexander Pope, poeta inglês do século XVIII. [N. T.]
[18] "O conto do moleiro" é o segundo dos *Contos da Cantuária*, de Geoffrey Chaucer. [N. T.]
[19] *Twelfth Night* (literalmente, "A décima segunda noite") é o título de uma comédia de Shakespeare, que no Brasil foi traduzido como "Noite de Reis". [N. T.]

quanto os animais irracionais ("sorrisos brotam da razão"), quanto um escocês de dezenove anos, filho de um pastor presbiteriano, em um sarau inglês, que toma todos os elogios como confissões e todos os gracejos como insultos. Homens solenes, mas não leitores sérios; eles não abriram suas mentes de maneira honesta e completa, sem preconceitos, às obras que leram.

Podemos então, já que tudo o mais fracassou, caracterizar os "poucos" literários como leitores *maduros*? Com certeza haverá muito de verdade nesse adjetivo; que a excelência em nossa resposta aos livros, assim como a excelência em outras coisas, não pode ser obtida sem experiência e disciplina e, por conseguinte, não pode ser obtida pelos muito jovens. Mas um tanto da verdade ainda nos escapa. Se estivermos sugerindo que todos os homens naturalmente começam tratando a literatura como os muitos, e que todos os que são bem-sucedidos em se tornar maduros em sua psicologia geral também aprenderão a ler como os poucos, creio que estamos errados. Penso que os dois tipos de leitores já estão prenunciados no berçário. Antes de sequer aprenderem a ler, as crianças não reagem de maneiras diferentes à literatura que se apresenta diante delas como histórias ouvidas em vez de lidas? Com certeza, assim que aprendem a ler por si mesmos, os dois grupos já estão divididos. Há aqueles que leem apenas quando não há nada melhor para fazer, os que engolem todas as histórias "para descobrir o que aconteceu", e raramente as leem de novo; outros as leem e releem, e são profundamente tocados por essas leituras.

Todas essas tentativas de caracterizar os dois tipos de leitores são, como já disse, precipitadas. Eu as mencionei para tirá-las do caminho. Devemos tentar entrar por nós mesmos nas atitudes envolvidas. Isso deve ser possível para a maioria de nós, porque, com respeito a algumas dessas artes, a maioria de nós passou de uma para a outra. Sabemos alguma coisa a respeito da experiência dos muitos não apenas por observação, mas por experiência própria.

CAPÍTULO 3

Como os poucos e os muitos fazem uso de *imagem* e *música*

Cresci em um lugar onde não havia bons quadros para se contemplar, de modo que meu primeiro contato com a arte de desenhistas e pintores se deu inteiramente por ilustrações de livros. As dos *Contos*, de Beatrix Potter,[1] eram o prazer da minha infância, e as de *O anel*, de Arthur Rackham,[2] do meu tempo de estudante. Eu ainda tenho todos esses livros. Hoje, quando os folheio, não digo de jeito nenhum "como é que eu pude gostar de algo tão ruim assim?" O que me surpreende é que eu não discernia nenhuma diferença em uma coleção cuja obra variava tanto em qualidade. O que hoje está muito claro para mim é que, em algumas das gravuras de Beatrix Potter, há desenhos com graciosidade e pura cor, enquanto outros são feios, mal feitos e até mesmo toscos. (Já a economia e finalidade clássicas de sua escrita são mantidas de maneira muito mais uniforme.) Em Rackham, eu vejo agora céus, árvores

---

[1] Beatrix Potter (1866-1943) foi uma escritora inglesa de livros infantis de grande sucesso. Sua obra mais conhecida no Brasil é *As aventuras de Pedro Coelho*. [N. T.]

[2] Arthur Rackahm (1867-1939) foi um dos mais famosos e conhecidos ilustradores de livros da Inglaterra. [N. T.]

e gárgulas admiráveis, mas percebo que as figuras humanas com frequência são como bonecos de manequins. Como eu não pude ter percebido isso? Creio que consigo lembrar com precisão o bastante para dar a resposta.

Eu gostava das ilustrações de Beatrix Potter em uma época em que a ideia de animais humanizados me fascinava talvez até mais do que fascina a maioria das crianças, e gostava de Rackham em uma época em que a mitologia nórdica era o principal interesse da minha vida. Claramente as imagens dos dois artistas me atraíam por causa do que era representado. Aquelas imagens eram substitutas. Se (em determinada idade) eu pudesse de fato ter visto animais humanizados ou (em outra) de fato ter visto Valquírias, eu os teria preferido bem mais. Da mesma forma, admirava a pintura de uma paisagem só e apenas porque ela representava um campo no qual eu teria gostado de passear na realidade. Um pouco mais tarde, eu admirava a imagem de uma mulher apenas se e apenas porque ela representava uma mulher que teria me atraído se estivesse presente de verdade.

O resultado, tal como entendo hoje, era que eu via de maneira muito inadequada o que estava de fato diante de mim. Importava-me mais sobre o que a imagem tratava e dificilmente com o que ela era. Era quase como um hieróglifo. Uma vez que minhas emoções e minha imaginação foram colocadas para trabalhar nas figuras retratadas, eu estava satisfeito. Uma observação prolongada e cuidadosa da ilustração em si não era necessária. Poderia até mesmo ter prejudicado a atividade subjetiva.

Todas as evidências me sugerem que minha própria experiência com imagens, naquela época, era em grande parte aquela que a maioria das pessoas conserva sempre.

Quase todas as imagens que, em reprodução, são vastamente populares, são de coisas que, de um modo ou de outro, na realidade agradam, divertem, emocionam ou tocam aqueles que as admiram — *O monarca do vale*,[3] *Lamento ao dono do velho cão pastor*,[4] *Bolhas*;[5] cenas de caçadas e batalhas; leitos de morte e jantares festivos; crianças, cães, gatos e gatinhos; moças pensativas (vestidas) para despertar sentimentos e moças alegres (menos vestidas) para despertar desejos.

Os comentários de aprovação que aqueles que compram esses quadros fazem a respeito deles são todos do mesmo tipo: "Este é o rosto mais bonito que eu já vi", "Observe a Bíblia do velho sobre a mesa", "Você pode ver que todos eles estão ouvindo", "Que linda casa antiga!". A ênfase está no que pode ser chamado de qualidades narrativas da imagem. O traçado, as cores (como tais) ou a composição dificilmente são mencionados. Algumas vezes se faz menção à habilidade do artista ("Veja a maneira com que ele imprimiu o efeito da luz de velas sobre as taças de vinho"). Mas o que é admirado é o realismo — mesmo com uma aproximação ao *trompe-l'oeil*[6] — e a dificuldade, real ou imaginada, de produzi-lo.

Mas todos esses comentários, e quase toda atenção ao quadro, cessam logo após ele ter sido comprado. Logo morre para os seus proprietários; torna-se como o romance que já foi lido uma vez pelo tipo correspondente de leitores. Já foi usado, e sua obra está feita.

---

[3]Óleo sobre tela (1851) do pintor inglês Edwin Landseer. [N. T.]
[4]Óleo sobre tela (1837) do pintor inglês Edwin Landseer. [N. T.]
[5]Pintura (1886) do pintor inglês John Everett Milais. [N. T.]
[6]A expressão francesa *trompe-l'oeil* (literalmente, "enganar o olho") é usada para designar uma técnica de pintura na qual se cria uma ilusão de ótica por meio da perspectiva, de maneira que uma imagem pintada em duas dimensões aparenta ter três. Assim, pode-se criar a impressão de que algo pintado está saindo da tela. [N. T.]

Essa atitude, que um dia já foi a minha, quase pode ser definida como "usar" as imagens. Enquanto você sustenta essa atitude, trata a imagem — ou antes, uma seleção apressada e inconsciente de seus elementos — como um gatilho para certas atividades imaginativas e emocionais próprias. Em outras palavras, você "faz alguma coisa com ela". Você não se abre ao que a imagem, ao ser em sua totalidade exatamente o que é, pode fazer a você.

Você está então oferecendo ao quadro o tratamento que seria correto para outros dois tipos de objeto representacional, a saber, o ícone e o brinquedo. (Não uso aqui a palavra ícone no sentido estrito que lhe é dado pela Igreja Ortodoxa Oriental. Eu me refiro a qualquer objeto representacional, seja de duas dimensões ou três, que tem a intenção de ser usado como um auxílio à prática de devoção).

Um brinquedo ou um ícone em particular podem ser em si obras de arte, mas isso é logicamente acidental; suas qualidades artísticas não o transformarão em um brinquedo ou em um ícone melhor. Elas poderão torná-lo pior. Pois o seu propósito não é chamar a atenção para si mesmo, mas estimular e liberar certas atividades na criança ou no adorador. O ursinho de pelúcia existe para que a criança possa lhe conceder vida e personalidade imaginárias e estabelecer uma relação quase social com ele. É isso que "brincar com" significa. Quanto mais bem-sucedida essa atividade for, menos a aparência real do objeto irá importar. Atenção muito próxima e prolongada ao rosto imutável e inexpressivo do ursinho de pelúcia impede a brincadeira. Um crucifixo existe para direcionar os pensamentos e os sentimentos do adorador para a Paixão de Cristo. É melhor que ele não tenha nenhuma excelência, sutileza ou originalidade que atraia a atenção para si mesmo. Daí que pessoas devotas podem, com esse propósito, preferir o ícone mais rústico e despojado. Quanto menos detalhes, mais permeável; porque elas querem, por assim dizer, passar através da imagem material e ir além. Pela mesma razão, nem sempre o brinquedo mais caro e realista é o que ganha o amor da criança.

Se for assim que os muitos usam as imagens, devemos rejeitar imediatamente a ideia arrogante de que o uso que eles fazem é sempre e necessariamente vulgar e tolo. Pode ser ou pode não ser. As atividades subjetivas que eles têm quando as contemplam podem ser de todos os níveis. Para um espectador desses, o quadro *As Três Graças*, de Tintoretto, pode ser apenas um instrumento de auxílio a uma imaginação lasciva; ele o usou como pornografia. Para outro, pode ser o ponto de partida para uma meditação no mito grego que, em si mesmo, tem valor. Em seu próprio modo, isso pode até conduzir a algo tão bom quanto a imagem em si. Pode ter sido isso que aconteceu quando Keats[7] viu uma urna grega. Se sim, o uso que ele fez daquele vaso foi admirável, ainda que em seu modo particular, não admirável como apreciação da arte cerâmica. Os usos correspondentes das imagens são extremamente variados, e há muito a ser dito para muitos deles. Há apenas uma coisa que podemos dizer com confiança, contra todos eles, sem exceção: eles não são, em essência, apreciações de imagens.

Uma apreciação de verdade exige o processo oposto. Não devemos deixar nossa subjetividade correr solta sobre as imagens e fazer delas o seu veículo. Devemos iniciar deixando de lado, tanto quanto possível, nossos preconceitos, nossos

---

[7] John Keats (1795-1821), um dos mais importantes poetas românticos ingleses. A referência é a *Ode on a Grecian Urn* [Ode a uma urna grega], uma das mais famosas poesias de Keats. [N. T.]

Um experimento em crítica literária

interesses e nossas associações. Devemos abrir espaço para *Marte e Vênus*, de Botticelli, ou à *Crucificação*, de Cimabue, ao esvaziar o nosso. Depois do esforço negativo, o positivo. Devemos usar nossos olhos. Devemos olhar, e continuar olhando até termos certeza de que vimos exatamente o que está lá. Nós nos sentamos diante da imagem para que algo aconteça conosco, e não para fazer alguma coisa com ela. A primeira exigência que qualquer obra de qualquer tipo de arte impõe a nós é a rendição. Olhar. Ouvir. Receber. Tirar a nós mesmos do caminho (não ajuda em nada perguntar primeiro se a obra diante de você merece tal rendição, pois até que você se renda não tem como saber).

Não são apenas nossas opiniões a respeito de, digamos, Marte e Vênus que devem ser deixadas de lado. Isso apenas abriria espaço para as "ideias" de Botticelli, na mesma acepção da palavra. Receberemos então apenas aqueles elementos de sua invenção que ele compartilha com o poeta. Mas como ele é afinal de contas um pintor, e não um poeta, isso é inadequado. O que precisamos receber é a invenção especificamente pictórica de Botticelli, aquela que faz, a partir de muitas massas, cores e linhas, a harmonia complexa de toda a tela.

A distinção dificilmente seria mais bem expressa do que ao dizer que os muitos *usam* a arte, e os poucos a *recebem*. Os muitos se comportam nesse quesito como um homem que fala quando deveria ouvir, e dá quando deveria receber. Não quero dizer com isso que o espectador correto é passivo. Ele também tem uma atividade imaginativa, embora obediente. Ele parece passivo a princípio porque está se certificando quanto às suas ordens. Se, quando ele as tiver entendido completamente, decidir que não vale a pena submeter-se a elas — em outras palavras, a imagem diante dele está é ruim —, ele lhe dá as costas.

A partir do exemplo do homem que usa Tintoretto como pornografia, fica evidente que uma boa obra de arte pode ser usada do modo errado. Mas raramente se submeterá a esse tratamento de maneira tão fácil como uma obra ruim. Um homem como esse irá se voltar alegremente de Tintoretto para Kirchner, ou para fotografias, se nenhuma hipocrisia moral ou cultural o impedir. Fotografias pornográficas contêm menos irrelevâncias; mais traseiro e menos babado.

O contrário disso, creio eu, é impossível. Uma imagem ruim não pode ser desfrutada com aquela "recepção" plena e disciplinada que os poucos dão a uma boa. Isso me ocorreu há pouco tempo quando estava esperando um ônibus em um ponto perto de um *outdoor*, e fiquei por cerca de um minuto olhando um pôster — uma figura de um homem e uma moça bebendo cerveja em um estabelecimento. Aquele pôster não resistiria a uma análise. Quaisquer que fossem os méritos que parecia ter em um primeiro olhar, eles diminuíam a cada segundo de atenção. Os sorrisos se tornaram gracejos de cera. A cor era, ou me parecia ser, toleravelmente realista, mas de maneira alguma agradável. Não havia nada na composição que satisfizesse o olhar. O pôster inteiro, além de ser "sobre" alguma coisa, não era um *objeto* agradável. E é isso, acho eu, que acontece a qualquer imagem ruim se ela for verdadeiramente examinada.

Se sim, é inadequado dizer que a maioria "gosta de imagens ruins". Eles gostam das ideias que lhes são sugeridas pelas imagens ruins. Na verdade, eles não as veem como são. Se o fizessem, não poderiam viver com elas. Há um sentido pelo qual uma má obra nunca é nem pode ser desfrutada por ninguém. As pessoas não gostam de imagens ruins *porque* os rostos nelas são como rostos de fantoches, e não têm mobilidade real nas linhas que devem se mover, e nenhuma energia ou graça em todo o conjunto. Essas falhas são simplesmente invisíveis a elas, assim como o verdadeiro rosto do ursinho de pelúcia é invisível para uma criança imaginativa e de coração caloroso quando está mergulhada em sua brincadeira. A criança não percebe que os olhos do ursinho são apenas contas de vidro.

Se mau gosto em arte significa um gosto pela maldade como tal, ainda não estou convencido que algo do tipo existe. Presumimos que sim porque aplicamos o adjetivo "sentimental" em geral a todos os prazeres populares. Se por isso queremos dizer que eles consistem na atividade que pode ser chamada de "sentimento", então (embora eu ache que uma palavra melhor precisa ser encontrada) não estamos muito errados. Se quisermos dizer que todas essas atividades são igualmente piegas, flácidas, irracionais e em geral infames, há mais do que sabemos. Ser tocado pelo pensamento da morte de um velho pastor de ovelhas e a fidelidade de seu cão é, em si, e à parte do presente tópico, o menor sinal de inferioridade. A objeção real a esse modo de apreciar imagens é que você nunca irá para além de si mesmo. A imagem, assim usada, só pode tirar de dentro de você apenas aquilo que já estava lá. Você não cruza a fronteira para aquela região nova que a arte pictórica como tal acrescentou ao mundo. *Zum Eckel find' ich immer nur mich.*[8]

Na música, acho que muitos de nós, talvez quase todos nós, começamos a vida no grupo dos muitos. Em toda performance de toda obra prestávamos atenção exclusivamente

---

[8]Não há consenso entre os estudiosos especialistas em Lewis da origem exata da frase em alemão que ele está citando. Tudo indica que se trata de uma citação de memória. Alguns defendem que o sentido da frase é "vez após outra, eu só encontro a mim mesmo", enquanto que para outros seria "*ad nauseam*, encontro apenas a mim mesmo". [N. T.]

à "melodia", apenas ao tanto do som total que poderia ser assobiado ou cantarolado. Uma vez que isso era capturado, tudo o mais se tornava praticamente inaudível. Não se prestava atenção ao arranjo dado pelo compositor à música ou a como os músicos o executavam. Para a melodia em si, creio eu, havia uma resposta dupla.

Primeiro, e mais obviamente, uma resposta orgânica e social. A vontade era de "se juntar": cantar, cantarolar a melodia, marcar o compasso, acompanhar seu ritmo com o corpo. Nós sabemos muito bem com qual frequência os muitos sentem e satisfazem esse impulso.

Em segundo lugar, havia uma resposta emocional. Nós nos tornamos heroicos, soturnos ou alegres conforme a melodia parecia nos convidar. Há motivos para a palavra cautelosa, "parecia". Alguns puristas musicais me disseram que a adequação de certas árias a certas emoções é uma ilusão; com certeza ela diminui a cada avanço em direção a uma real compreensão musical. Não é universal de modo algum. Mesmo na Europa Oriental um tom menor não tem o significado que possui para muitos ingleses; e quando eu ouvi uma canção de guerra Zulu, ela me soou tão melancólica e gentil a ponto de sugerir uma canção de ninar, e não o avanço de um grupo de guerreiros sedentos de sangue. Às vezes tais reações emocionais também são ditadas tanto pelos títulos fantasiosos ligados a algumas composições quanto pela própria música em si.

Uma vez que a reação emocional esteja estabelecida, ela gera as fantasias. Surgem ideias obscuras de tristezas inconsoláveis, festanças brilhantes e tristes campos de batalha. Cada vez isso é o que mais desfrutamos. A própria melodia, sem falar do uso que o compositor faz dela e a qualidade da execução, é quase que deixada de lado. Ainda estou nesta condição no que diz respeito a um instrumento (a gaita de foles). Não consigo diferenciar uma peça da outra, nem distinguir um bom flautista de um ruim. São todas apenas "gaitas de foles", todas igualmente inebriantes, melancólicas, orgiásticas. Bowsell[9] reagia assim a todo tipo de música. "Eu disse a ele que a gaita de foles me afetava até certo ponto, frequentemente agitando meus nervos dolorosamente, produzindo em minha mente sensações alternadas de tristeza patética, a ponto de levar às lágrimas, e de resolução ousada, de modo que eu estava disposto a correr para a parte mais terrível da batalha." A resposta de Johnson precisa ser lembrada: "Senhor, eu não devo ouvi-la jamais, se ela me torna tolo a este ponto".[10]

Tivemos que nos lembrar de que o uso popular de imagens, ainda que não seja uma apreciação das imagens como elas realmente são, não precisa ser — ainda que, claro, com frequência seja — torpe ou degradado em si mesmo. Dificilmente precisamos de um lembrete semelhante a respeito do uso popular da música. Uma condenação generalizada, seja da reação orgânica, seja da emocional, está fora de cogitação. Seria uma ameaça à raça humana como um todo. Cantar e dançar ao redor de um violinista em uma feira (a reação orgânica e social) é obviamente a coisa certa a se fazer. Ter "a lágrima salgada que rolou dos olhos" não é nem tolo nem vergonhoso. Os *cognoscenti* também podem ser pegos cantarolando ou assobiando. Eles também, ou alguns deles, respondem às sugestões emocionais da música.

---

[9] James Boswell (1740-1795) foi um escritor escocês que se tornou famoso por sua obra *The Life of Samuel Johnson* ("A vida de Samuel Johnson"), a biografia do escritor inglês Samuel Johnson. [N. T.]
[10] Boswell, *Life of Johnson*, 23 set. 1777.

Mas eles não cantarolam nem assobiam enquanto a música está sendo executada; eles o fazem apenas em lembranças, do modo como nós citamos os versos favoritos de uma poesia para nós mesmos. E o impacto emocional direto desta ou daquela passagem tem menor importância. Quando eles captam a estrutura da obra como um todo, quando recebem a invenção do compositor em sua imaginação auditiva (ao mesmo tempo sensorial e intelectual), podem ter uma emoção a este respeito. É uma emoção de tipo diferente, que se direciona para um tipo diferente de objeto. Está impregnada de inteligência. Mesmo assim é muito mais sensorial que o uso popular, mais ligada ao ouvido. Eles dão atenção total aos sons que estão sendo produzidos. Mas quanto à música ou quanto a imagens, a maioria faz uma seleção ou um sumário, escolhendo os elementos que podem usar, e negligenciando o restante. Assim como a primeira exigência da pintura é "olhe", a primeira exigência da música é "ouça". O compositor pode começar por dar uma "melodia" que você pode assobiar. Mas a questão não é se você gosta particularmente dela. Espere. Preste atenção. Veja o que o compositor vai fazer com ela.

Mesmo assim eu tenho uma dificuldade com a música que não tenho a respeito às imagens. Não posso, não importa o quanto eu tente, deixar de sentir que algumas canções simples, independentemente do que é feito com elas e bem à parte da execução, são intrinsecamente ruins e feias. Algumas canções e alguns hinos populares me veem à mente. Se meu sentimento estiver bem embasado, então significaria que em música pode haver mau gosto no sentido positivo: um prazer em algo ruim em si só porque é ruim. Mas talvez isso signifique que eu não sou musical o bastante. Talvez o convite emocional de certas canções a uma fanfarronice vulgar ou a uma autocomiseração lacrimosa me atinge tanto que eu não consigo ouvi-las como padrões neutros dos quais um bom uso talvez pudesse ser feito. Deixo para os verdadeiros músicos dizerem se não existe uma melodia tão odiosa (nem mesmo *Home sweet home*, "Lar doce lar") que um grande compositor não possa usar como material para uma boa sinfonia.

Felizmente a pergunta pode ser deixada sem resposta. No geral, o paralelo entre os usos populares da música e das imagens é próximo o bastante. Ambos consistem em "usar" em vez de "receber". Ambos se apressam a fazer coisas com a obra de arte em vez de esperar que ela lhes faça algo. Como resultado, grande parte do material que é realmente visível na tela ou audível na execução é ignorado; ignorado porque não pode ser "usado" desse jeito. E se a obra não contém nada que possa ser usado assim — se a sinfonia não tem melodias contagiantes, se a imagem é de coisas com as quais a maioria não se preocupa —, ela é completamente rejeitada. Nenhuma das reações precisa ser repreensível em si mesma, mas ambas deixam a pessoa fora da experiência plena da arte em questão.

Nas duas, quando pessoas jovens estão iniciando a passagem do grupo dos muitos para o dos poucos, um erro ridículo, mas felizmente passageiro, pode ocorrer. A pessoa jovem que acaba de descobrir que há na música algo muito mais permanentemente prazeroso que melodias cativantes pode passar por uma fase na qual a simples ocorrência de uma melodia dessas em qualquer obra faz com que ela a desprez como sendo "barata". E outro jovem, no mesmo estágio, pode desprezar como "sentimental" qualquer imagem cujo tema tenha um apelo pronto aos sentimentos normais da mente humana. É como se, tendo descoberto que há outras coisas que uma casa precisa ter além de conforto, a pessoa concluísse que nenhuma casa confortável pudesse ter uma "boa arquitetura".

Eu disse que esse erro é transitório. Isto é, transitório para os verdadeiros amantes da música ou da pintura. Mas para quem busca prestígio social e os devotados da cultura pode algumas vezes se tornar uma fixação.

CAPÍTULO 4

A leitura dos *não literatos*

Podemos com facilidade contrastar a genuína apreciação musical de uma sinfonia com aquela dos ouvintes para quem ela é primeira ou exclusivamente o ponto de partida para coisas tão inaudíveis (e, por conseguinte, não musicais) como as emoções e as imagens visuais. Mas jamais pode haver, no mesmo sentido, uma pura apreciação literária da literatura. Cada peça literária é uma sequência de palavras; e os sons (ou seus equivalentes gráficos) são palavras precisamente porque transportam a mente para além deles mesmos. É isso que significa ser uma palavra. Ser transportado mentalmente através e além de sons musicais para algo inaudível e não musical pode ser a maneira errada de tratar a música. Por sua vez, ser transportado dessa mesma forma através e além das palavras para algo não verbal e não literário não é uma maneira errada de ler. É simplesmente leitura. De outra maneira, teríamos que dizer que estávamos lendo quando permitimos que nossos olhos viajassem pelas páginas de um livro em uma língua desconhecida, e deveríamos ser capazes de ler os poetas franceses sem saber francês. A primeira nota de uma sinfonia exige atenção para nada além de si mesma. A primeira palavra da *Ilíada* direciona nosso pensamento para a fúria, algo com o qual estamos inteiramente familiarizados fora do poema e da literatura.

Não estou tentando prejulgar a questão entre os que dizem e os que negam que "um poema não deve significar, mas ser". Seja lá o que for verdadeiro quanto ao poema, está perfeitamente claro que as palavras nele devem significar. Uma palavra que simplesmente "era" e não "significou" não seria uma palavra. Isso se aplica até mesmo para uma poesia *nonsense*. *Boojum*,[1] no seu contexto, não é um mero barulho. "*A rose is a rose*" [uma rosa é uma rosa], de Gertrude Stein,[2] seria diferente se pensássemos em "*arose is arose*" [surgiu está surgido].

Toda arte é ela mesma, e não outra arte. Logo, cada princípio geral que alcançamos deve ter um modo de aplicação próprio para cada uma das artes. Nossa próxima tarefa é descobrir o modo adequado no qual a distinção entre usar e receber se aplica à leitura. A que corresponde, no não literário, a concentração exclusiva do ouvinte não musical na "melodia principal" e o uso que faz dela? Nossa pista é o comportamento desses leitores. Penso haver cinco características.

1. Eles jamais, voluntariamente, leem nada que não seja narrativa. Não quero dizer que todos eles leem ficção. O leitor mais não literato de todos se apega "às notícias". Ele lê diariamente, com satisfação incansável, sobre como, em algum lugar que ele nunca viu, em circunstâncias que nunca se tornaram muito claras, alguém que não conhece

---

[1] *Boojum* é um animal ficcional que aparece no livro *A caça ao snark*, do escritor inglês Lewis Carroll, autor das conhecidas obras *Alice no País das Maravilhas* e *Alice no País do Espelho*. [N. T.]

[2] Gertrude Stein (1874-1946) foi uma escritora estadunidense. A citação é de "*Rose is a rose is a rose is a rose*" [A Rosa é uma rosa é uma rosa é uma rosa] é parte de *Sacred Emily* [Sagrada Emília], poema de 1913.

se casou, resgatou, roubou, violentou ou assassinou outro alguém que não conhece. Mas isso não faz nenhuma diferença essencial entre ele e o grupo logo acima dele — os que leem os tipos mais baixos de ficção. Ele quer ler sobre os mesmos tipos de acontecimentos que esses. A diferença é que, tal como a Mopsa[3] de Shakespeare, quer "ter certeza de que são verdadeiros". Isso porque é tão não literato que dificilmente pensa que uma invenção é uma atividade legítima ou até mesmo possível. (A história da crítica literária mostra que foram necessários séculos até que toda a Europa entendesse esse estilo.)

2. Eles não têm ouvidos. Leem apenas com os olhos. As cacofonias mais horríveis e os exemplos mais perfeitos de ritmos e melodias vocálicas para eles são exatamente iguais. É assim que descobrimos que algumas pessoas com alto nível de formação não são literatas. Escreverão "a relação entre mecanização e nacionalização" sem mover um fio de cabelo.

3. Não apenas no que concerne ao ouvido, mas também em todas as demais maneiras são ou totalmente inconscientes quanto ao estilo, ou até mesmo preferem livros que tomaríamos como tendo sido mal escritos. Ofereça *A ilha do tesouro* a alguém com doze anos não literato (nem todos que têm doze anos são não literatos) em vez de livros violentos para meninos a respeito de piratas, que geralmente leem, ou ofereça *Os primeiros homens na Lua*, de Wells, a um leitor do tipo mais ínfimo de ficção científica. Você ficará decepcionado com frequência. Você lhes oferece, ao que parece, exatamente o tipo de assunto que querem, mas

---

[3]Mopsa é uma pastora de ovelhas que aparece na peça *Conto de inverno*, de William Shakespeare. [N. T.]

muito melhor: descrições que de fato descrevem, diálogos que conseguem produzir alguma ilusão, personagens que se pode imaginar com clareza. Eles dão uma folheada e logo deixam o livro de lado. Tem alguma coisa naquele tipo de literatura que os mantém afastados.
4. Eles gostam de narrativas nas quais o elemento verbal é reduzido ao mínimo — tirinhas contadas em quadrinhos ou filmes com a menor quantidade possível de diálogos.
5. Eles exigem uma narrativa rápida. Algo tem que estar "acontecendo" o tempo todo. As palavras favoritas que usam para condenar uma obra são "lenta", "entediante" e outras semelhantes.

Não é difícil discernir a fonte comum dessas características. Assim como o ouvinte não musical quer apenas a melodia, de igual maneira o não literato quer apenas o acontecimento. Um ignora quase todos os sons que a orquestra está produzindo: quer apenas cantarolar a melodia. O outro quase ignora o que as palavras adiante dele estão fazendo: quer apenas saber o que vai acontecer a seguir.

Ele só lê narrativas porque somente ali encontrará um acontecimento. É surdo para a dimensão auditiva do que lê porque o ritmo e a melodia não o ajudam a descobrir quem casou (resgatou, roubou, violentou ou assassinou) com quem. Gosta de narrativas em "tirinhas" e de filmes quase sem palavras porque neles quase nada se interpõe entre ele e o acontecimento. E gosta de velocidade porque uma história em que tudo muda muito depressa tem apenas acontecimentos.

Suas preferências em estilo carecem de um pouco mais de consideração. Parece que encontramos aqui um gosto pela ruindade como tal, um gostar da ruindade por que ela é ruim. Mas creio que não seja esse o caso.

Um experimento em crítica literária

Nosso próprio julgamento do estilo de um homem, palavra por palavra e frase por frase, parece-nos instantâneo, mas, na verdade, deve ser subsequente, ainda que por um intervalo infinitesimal, ao efeito que as palavras e frases têm sobre nós. Ler a respeito da "sombra axadrezada" em Milton nos faz imaginar certa distribuição de luzes e sombras com vivacidade, desembaraço e satisfação incomuns. Concluímos então que "sombra axadrezada" é uma boa escrita. O resultado comprova a excelência dos meios. A claridade do objeto atesta que as lentes pelas quais o vimos são boas. Ou lemos a passagem em *Guy Mannering*[4] na qual o herói olha para o céu e vê os planetas "rolando" em sua "órbita líquida de luz".[5] A imagem dos planetas sendo vistos rolando ou de órbitas visíveis é tão ridícula que nem tentamos visualizá-la. Mesmo que órbitas seja um termo errado para "orbes", não nos saímos melhor, porque planetas não são orbes e nem discos ao olho nu. Não somos apresentados a nada, a não ser a confusão. Por isso dizemos que Scott estava escrevendo mal. Era uma lente ruim, porque não podemos ver através dela. Pela mesma forma, de cada sentença que lemos, nossos ouvidos interiores recebem prazer ou desprazer. A partir da força dessa experiência, afirmamos que o ritmo do autor é bom ou ruim.

Veremos que todas as experiências nas quais nossos julgamentos estão baseados dependem de levar as palavras a sério. A não ser que prestemos toda atenção tanto ao som quanto ao sentido, a não ser que por submissão estejamos prontos para conceber, imaginar e sentir na medida em que as palavras

---

[4]Cap. 3, *ad fin*.
[5]*Guy Mannering ou O astrólogo* é um romance do escritor escocês Sir Walter Scott (1771-1832). [N. T.]

nos convidam, não teremos essas experiências. A não ser que você esteja de fato tentando olhar através da lente, não conseguirá descobrir se ela é boa ou má. Não temos como saber se um texto escrito é mal escrito a não ser que comecemos a lê-lo como se fosse muito bom e terminássemos descobrindo que estávamos dando ao autor elogios imerecidos. Mas o não literato nunca tenta dar às palavras mais que o estritamente necessário de atenção no intuito de extrair o acontecimento. Muito do que a boa escrita dá ou do que a má escrita fracassa em dar é aquilo que ele não quer e que não lhe tem serventia.

Isso explica a razão de não se valorizar a boa escrita. Mas explica também porque preferir a má escrita. Nas "tirinhas" em quadrinhos, um desenho realmente bom não apenas deixa de ser necessário, mas seria um impedimento. Pois cada pessoa ou objeto precisa ser reconhecido de maneira instantânea e sem qualquer esforço. As imagens não estão lá para serem contempladas, mas para serem entendidas como declarações; estão apenas a um degrau de distância dos hieróglifos. Agora, as palavras, para o não literato, estão nessa mesma posição. O *clichê* banal para cada acontecimento (as emoções podem ser parte do acontecimento) para ele é a melhor parte, porque é reconhecível de imediato. "Meu sangue gelou" é um hieróglifo para medo. Qualquer tentativa, das que um grande escritor poderia fazer, de traduzir *esse* medo de maneira concreta, é sem dúvida algo difícil de digerir para o não literato. Pois ela lhe oferece o que não quer, e o faz apenas sob a condição de que dê às palavras uma espécie e um grau de atenção que não tem intenção de dar. É como tentar vender algo que para ele não tem serventia por um preço que não quer pagar.

A boa escrita pode ofendê-lo ou por ser muito lacônica para seu propósito ou por ser muito detalhada. Uma cena

Um experimento em crítica literária

de floresta de D. H. Lawrence[6] ou um vale montanhoso de Ruskin[7] lhe dá muito mais do que sabe fazer com ambos; por outro lado, não ficaria satisfeito com a descrição de Malory:[8] "ele chegou diante de um castelo que era rico e belo, e havia uma porta aberta na direção do mar, sem nenhum vigia a não ser dois leões que guardavam a entrada e a Lua que brilhava clara".[9] Nem ficaria contente com "eu estava terrivelmente assustado" em vez de "meu sangue gelou". Para a imaginação dos bons leitores, uma declaração nua e crua dos fatos muitas vezes é a mais evocativa de todas. Mas a Lua brilhando clara não é o suficiente para os não literatos. Eles prefeririam dizer que o castelo estava "banhado por um dilúvio do luar prateado". Isso se dá em parte porque a atenção deles às palavras que leem é insuficiente. Tudo tem que ser enfatizado ou "escrito nos mínimos detalhes", do contrário, não receberia a devida atenção. E mais ainda, querem o hieróglifo — algo que libertará as reações estereotipadas deles à luz do luar (a luz do luar, claro, é algo de livros, canções e filmes; creio que memórias do mundo real funcionam pouco quando leem). Assim, o seu modo de ler é dupla e paradoxalmente defeituoso. Falta-lhes a imaginação atenta e respeitosa que os capacitaria a fazer uso de uma descrição detalhada e precisa de uma cena ou emoção. Por outro lado, falta-lhes também a imaginação fértil que é capaz de construir algo (em um

---

[6]D. H. Lawrence (1885-1930) foi um conhecido escritor inglês mais conhecido pela obra *O amante de Lady Chatterley*. [N. T.]
[7]John Ruskin (1819-1900) foi um desenhista, crítico de arte e escritor inglês. [N. T.]
[8]Thomas Malory (140-5-1471), escritor inglês cuja obra mais famosa é *Le Morte D'Arthur* [A morte de Arthur], um dos principais livros sobre o Rei Artur e os Cavaleiros da Távola Redonda. [N. T.]
[9]Caxton, XVII, 14 (Vinaver, 1014).

momento) a partir dos fatos brutos. Por conseguinte, o que exigem é uma pretensão decente de descrição e análise, não para ser lida com cuidado, mas o suficiente para lhes dar o sentimento que a ação não acontece em um vácuo — algumas referências vagas a árvores, sombra e grama para uma floresta, ou alguma alusão a garrafas se abrindo e "mesas barulhentas" para um banquete. Para esse propósito, quanto mais *clichês*, melhor. Passagens assim são para eles o mesmo que o pano de fundo é para muitos frequentadores de teatro. Ninguém irá prestar atenção, mas todo mundo vai perceber sua ausência se não estiver lá. Da mesma maneira, a boa escrita, de um modo ou de outro, quase sempre ofende o não literato. Quando um bom escritor conduz você até um jardim, ele ou lhe dá impressão precisa daquele jardim em particular, naquele momento específico — não precisa ser uma descrição longa, a seleção é que importa —, ou então simplesmente diz "Aconteceu em um jardim, e era cedo". Os não literatos não vão gostar de nenhuma das duas opções. Eles vão dizer que a primeira opção é "enrolação", e gostariam que o autor "parasse de fazer rodeios e fosse direto ao ponto". E detestam a segunda como se fosse um vácuo — a imaginação deles não consegue respirar nela.

Tendo dito que o leitor não literato presta pouca atenção às palavras para fazer qualquer coisa como um pleno uso delas, devo observar que há outro tipo de leitor que presta atenção demais a elas e do modo errado. Estou pensando no que chamo de "traficante de estilos".[10] Ao pegar um livro, essas pessoas se concentram no que chamam de seu "estilo" ou seu "inglês". Não o julgam pela sonoridade nem por seu poder de comunicar, mas por sua conformidade a certas regras

---

[10] *Stylemonger* no original. [N. T.]

arbitrárias. A leitura desses é uma constante caça às bruxas de americanismos,[11] galicismos, infinitivos partidos[12] e sentenças que terminam com preposição. Não perguntam se o americanismo ou o galicismo em questão aumenta ou empobrece a expressividade da nossa língua. Não significa nada a elas que os melhores oradores e escritores ingleses encerram suas sentenças com preposição há mais de mil anos. São cheias de antipatias arbitrárias por algumas palavras em particular. Uma é "uma palavra que eles sempre detestaram"; outra "sempre os faz pensar em Fulano de Tal". Esta palavra é muito comum, aquela é muito rara. Tais pessoas são as menos qualificadas de todas para ter qualquer opinião a respeito de um estilo, pois os dois únicos testes que são de fato relevantes — o grau no qual o estilo (como diria Dryden[13]) é "ressonante e significativo"— são os que eles nunca aplicam. Julgam o instrumento a partir de qualquer critério menos o de sua capacidade de trabalhar para aquilo pelo qual ele foi feito; tratam a língua como algo que "é", mas não que "significa"; criticam as lentes depois de olhar *para* elas em vez de olhar *através* delas. Era comum dizer que a lei a respeito da obscenidade literária operava quase que de maneira exclusiva contra palavras em particular, que livros eram proibidos não por sua tendência, mas por seu vocabulário, e que um homem poderia ministrar livremente os afrodisíacos mais fortes possíveis ao seu público, desde que ele

---

[11] A palavra americanismo refere-se a construções sintáticas e lexicais típicas do inglês falado nos Estados Unidos, que o diferenciam do inglês britânico. [N. T.]
[12] Infinitivo partido (*split infinitive* no original) é uma construção gramatical em inglês na qual uma frase ou uma palavra fica entre a partícula *to* e a forma do verbo no infinitivo. [N. T.]
[13] John Dryden (1631-1700), poeta, dramaturgo e crítico literário inglês. [N. T.]

tivesse a habilidade — e que escritor competente não a tem? — de evitar as sílabas proibidas. Os critérios do traficante de estilos, ainda que por razão diferente, estão tão distantes do alvo quanto os da mencionada lei, e do mesmo modo. Se a massa do povo é de não literatos, este é antiliterário. O traficante de estilos cria na mente dos não literatos (que muitas vezes sofreram por causa dele na escola) um ódio da própria palavra *estilo* e uma profunda desconfiança de qualquer livro a respeito do qual foi dito que foi bem escrito. E se *estilo* quer dizer o que tais traficantes valorizam, esse ódio e essa desconfiança teriam razão de ser.

Já os não musicais, como eu já disse, escolhem a melodia principal e usam-na para cantarolar, assobiar ou se permitir devaneios emocionais e imaginativos. As melodias de que eles mais gostam evidentemente são as que mais permitem com facilidade tais usos. De modo semelhante, os não literatos escolhem o acontecimento — "o que aconteceu". Os tipos de acontecimentos de que gostam mais e os usos que fazem deles andam juntos. Podemos distinguir os três tipos principais.

Gostam do que é chamado "empolgante" — perigos iminentes e salvamentos por um triz. O prazer consiste no término e descanso contínuos de uma (indireta) ansiedade. A existência de jogadores demonstra que mesmo uma ansiedade real traz prazer a muitas pessoas, ou é pelo menos um ingrediente necessário em um todo agradável. A popularidade de tobogãs e coisas do tipo demonstra que as *sensações* de medo, quando separadas de uma convicção de perigo verdadeiro, são prazerosas. Pessoas mais resistentes procuram perigo e medo reais por puro prazer; certo montanhista me disse que "uma escalada não tem graça, a não ser que haja um momento em que você jure que, se descer de lá vivo, nunca mais escalará uma montanha novamente". Não há mistério a respeito do desejo de "empolgação" do homem não literato. Todos nós compartilhamos disso. Todos nós gostamos de assistir a uma corrida com um final emocionante.

Em segundo lugar, gostam de ter a curiosidade despertada, prolongada, exacerbada e, por fim, satisfeita. Daí a popularidade de narrativas com um mistério. Esse prazer é universal e não precisa de explicação. É uma grande parte da felicidade do filósofo, do cientista ou do acadêmico. E também do fofoqueiro.

Em terceiro lugar, gostam de histórias que façam com que eles — indiretamente, por meio dos personagens — participem do prazer ou da felicidade. Essas são de vários tipos. Podem ser histórias de amor, que, por sua vez, podem ser sensuais e pornográficas ou sentimentais e edificantes. Podem ser histórias de sucesso. Podem ser histórias sobre a vida na alta sociedade, ou simplesmente sobre riqueza e vida de ostentação. Seria melhor se não assumíssemos que os prazeres indiretos, em qualquer um desses casos, são sempre substitutos para prazeres reais. Não é apenas a mulher simples e não amada que lê histórias de amor. Nem todos os que leem histórias de sucesso são pessoas fracassadas.

Eu distingo os tipos assim para clareza. Em sua maior parte, os livros não pertencem totalmente, mas só de maneira predominante, a um tipo ou outro. Uma história de ação ou mistério em geral tem um "interesse amoroso" adicionado a ela quase de forma superficial. A história de amor, ou o idílio, ou a história que se passa em um contexto de alta sociedade tem um elemento de suspense ou ansiedade, não importa quão trivial seja.

Sejamos claros quanto ao fato de que os não literatos o são não porque gostam de histórias desse tipo, mas porque não há outra maneira de desfrutarem delas. São mantidos longe da plenitude da experiência literária não pelo que têm, mas pelo que lhes falta. Deviam fazer essas coisas e não deixar as demais por fazer. Pois todos esses prazeres são compartilhados pelos bons leitores lendo bons livros. Ficamos sem fôlego de ansiedade quando os ciclopes apalpam o carneiro que está levando Odisseu, enquanto ficamos curiosos para saber como Fedra (e Hipólito) reagirá diante do retorno inesperado de Teseu,[14] ou como a desgraça da família Bennet vai afetar o amor de Darcy por Elizabeth.[15] A primeira parte de *Memórias e confissões íntimas de um pecador justificado*[16] estimula a nossa curiosidade com vigor, assim como a mudança no comportamento do general Tilney.[17] Desejamos descobrir quem é o benfeitor desconhecido de Pip em *Grandes esperanças*.[18] Cada estrofe de "House of Busirane" [Casa de Busirane], de Spenser,[19] aguça nossa curiosidade. No que diz respeito ao prazer indireto de uma felicidade imaginada, a simples existência do pastoril[20] lhe dá um lugar respeitável na literatura. E também alhures,

---

[14]Na mitologia grega, um complicado triângulo amoroso envolve Fedra, casada com Teseu, Hipólito, filho de Teseu, e uma amazona chamada Antíopa. [N. T.]
[15]Nome dos protagonistas do romance *Orgulho e preconceito*, de Jane Austen. [N. T.]
[16]Livro do escritor escocês James Hogg (1770-1835). [N. T.]
[17]O general Tilney é um personagem de *Northanger Abbey*, da escritora inglesa Jane Austen. [N. T.]
[18]*Grandes esperanças* é um romance do escritor inglês Charles Dickens, que conta a história de Philip Pirrip, conhecido simplesmente como Pip. [N. T.]
[19]"House of Busirane" [Casa de Busirane] é parte do poema épico *The Faerie Queene* [A rainha das fadas], do escritor inglês Edmund Spenser, publicado no final do século XVI. [N. T.]
[20]Pastoril é o nome de um gênero literário, musical e das artes visuais que apresenta de maneira idealizada e romantizada a vida rural como melhor que a vida urbana, esta marcada por vícios e corrupções de todo tipo. Exemplo clássico na música é a *Sexta sinfonia*, de Beethoven, conhecida como *Sinfonia pastoral*. [N. T.]

ainda que não façamos a exigência de um final feliz para cada história que lemos, mesmo assim, quando acontece um final feliz adequado e bem executado, com certeza desfrutamos da felicidade dos personagens. Estamos preparados até mesmo para desfrutar de maneira indireta do cumprimento de desejos totalmente impossíveis, tal como na cena da estátua em *Conto de inverno*,[21] pois que desejo é tão impossível quanto o que os mortos aos quais fomos cruéis e injustos pudessem viver novamente, nos perdoar e assim "tudo ser como antes"? Aqueles que buscam apenas felicidade indireta quando leem não são literatos, mas aqueles que fingem que ela nunca pode ser um ingrediente da boa literatura estão errados.

---

[21] A cena da estátua mencionada é uma situação em *Conto de inverno*, uma peça de William Shakespeare. [N. T.]

CAPÍTULO | 5

A respeito do
mito

Antes de prosseguir, eu devo fazer um desvio para eliminar um equívoco que o último capítulo talvez possa ter sugerido. Compare o seguinte:

1. Havia um homem que cantava e tocava harpa tão bem que até mesmo as feras e as árvores se ajuntavam para ouvi-lo. Quando a esposa dele morreu, ele desceu vivo ao mundo dos mortos, tocou na presença do Rei dos Mortos até que este sentisse pena e lhe devolvesse a esposa, com a condição de que o homem a levasse para fora daquela terra sem olhar para trás, para vê-la, ao menos uma vez, até que estivessem ao alcance da luz. Mas quando eles estavam quase do lado de fora, faltando muito pouco para sair, o homem olhou para trás, e ela desapareceu para sempre.
2. "Havia um homem que estava longe de casa há muitos anos, porque Poseidon estava com raiva dele, e durante todo aquele tempo os pretendentes de sua esposa estavam gastando os seus bens e tramando contra o seu filho. Mas, com muito esforço, ele regressou ao lar, revelou-se a uns poucos, salvou sua própria vida e matou seus inimigos." (Este é o resumo que Aristóteles fez da *Odisseia* em sua *Poética* 1455b.)

Um experimento em crítica literária

3. Imaginemos — porque com certeza não vou escrevê-la — uma sinopse na mesma escala de *As torres de Barchester*,[1] *Middlemarch*[2] ou *A feira das vaidades*;[3] ou de alguma obra mais curta, como *Michael*,[4] de Wordsworth, ou o *Adolphe*, de Constant,[5] ou *A volta do parafuso*.[6]

O primeiro, ainda que seja apenas um simples resumo, apresentado com as primeiras palavras que vieram à mente do autor, provocaria, creio eu, uma impressão poderosa em qualquer pessoa com sensibilidade, se lesse aquela história pela primeira vez. O segundo não é nem de longe uma leitura tão satisfatória quanto a anterior. Percebemos que uma boa história poderia ser escrita com esse enredo, mas o resumo não é em si uma boa história. Quanto ao terceiro, cujos resumos não escrevi, vemos de imediato que seriam completamente inúteis — não apenas inúteis como uma representação do livro em questão, mas inúteis em si mesmos; insuportavelmente monótonos, impossíveis de se ler.

Portanto, há um tipo particular de história que tem valor intrínseco — um valor independente de sua incorporação em qualquer obra literária. A história de Orfeu nos toca e nos

---

[1] Romance do escritor inglês Anthony Trollope (1815-1882), publicado em 1857. [N.T.]
[2] *Middlemarch*, romance da escritora inglesa Mary Anne Evans, que o publicou sob o pseudônimo de George Eliot em 1871. [N.T.]
[3] *A feira das vaidades*, romance do escritor inglês William Makepeace Thackeray, publicado em 1848. [N.T.]
[4] *Michael* é um poema do gênero pastoril do poeta romântico inglês William Wordsworth (1770-1850), publicado em 1800. [N.T.]
[5] *Adolphe* é um romance do escritor francês Benjamin Constant, publicado em 1816. [N.T.]
[6] *A volta do parafuso*, publicado em 1898, é um romance do escritor norte-americano naturalizado britânico Henry James (1843-1916). [N.T.]

A respeito do mito

toca no âmago; o fato que Virgílio e outros a contaram em boa poesia é irrelevante. Pensar nela e ser comovido por ela não é o mesmo que pensar naqueles poetas ou ser comovido por eles. É bem verdade que uma história como essa dificilmente nos atingiria a não ser em palavras. Mas essa é uma relação acidental. Se alguma arte sofisticada de mímica, de filme silencioso ou imagens em série pudesse apresentá-la, ela nos afetaria do mesmo modo.

Alguém poderia esperar que os enredos das mais grosseiras histórias de aventuras, escritas para aqueles que querem apenas o acontecimento, teriam essa qualidade extraliterária. Mas isso não acontece. Não se pode ludibriá-los com uma sinopse em vez de a história em si. Querem apenas o acontecimento, mas o acontecimento não os alcançará a não ser que esteja "descrito". Além disso, suas histórias mais simples são complicadas demais para um resumo compreensível; acontecem coisas demais. As histórias nas quais estou pensando sempre têm uma forma narrativa muito simples — uma forma satisfatória e inevitável, como um bom vaso ou uma tulipa.

É difícil dar a tais histórias qualquer outro nome a não ser *mitos*, embora essa palavra seja infeliz em muitos sentidos. Em primeiro lugar, devemos lembrar que a palavra grega *muthos* não se refere a esse tipo de história, mas a qualquer tipo de história. Em segundo lugar, nem todas as histórias que um antropólogo classificaria como mitos têm a qualidade que estou tratando aqui. Quando falamos de mitos, assim como quando falamos de baladas, geralmente estamos pensando nos melhores exemplos e esquecendo a maioria. Se analisarmos de forma consistente todos os mitos de qualquer povo, ficaremos chocados com muito do que lermos. Muitos deles, seja lá o que tiverem significado para o homem antigo ou selvagem, para nós são sem sentido e chocantes;

chocantes não só por sua crueldade e obscenidade, mas por sua aparente tolice — algo próximo da loucura. Fora dessa categoria e desse emaranhado esquálido, os grandes mitos — Orfeu, Deméter[7] e Perséfone,[8] as Hespérides,[9] Balder,[10] Ragnarok,[11] ou Ilmarinen forjando o sampo[12] — elevam-se como olmos. De modo inverso, algumas narrativas que não são mitos no sentido antropológico, tendo sido inventadas por indivíduos em períodos totalmente civilizados, têm o que eu chamo de "qualidade mítica". Assim são os enredos de *O médico e o monstro*, *A porta no muro*, de H. G. Wells, ou *O castelo*, de Kafka. Essa é a concepção de Gormenghast em *Titus groan*, do Sr. Peake,[13] ou dos ents em Lothlorien, em *O senhor dos anéis*, do professor Tolkien.

---

[7]Deméter era a deusa grega da fertilidade da terra e da agricultura. A Deméter grega era equivalente a Ceres (de onde vem a palavra "cereal") dos romanos. [N. T.]

[8]Na mitologia grega, Perséfone foi raptada por Hades, o deus do mundo dos mortos, que a levou para os seus domínios. Ela passava metade do ano no Olimpo, na companhia dos outros deuses, e metade no mundo inferior. [N. T.]

[9]Na mitologia grega, as Hespérides eram divindades à luz do dia e da tarde. Eram as donas do Jardim das Hespérides, no extremo ocidental do mundo, onde cresciam árvores que produziam frutos que podiam conceder juventude permanente a quem os comesse. [N. T.]

[10]Na mitologia nórdica, Balder, o Belo, filho de Odin e Friga (portanto, irmão do conhecido Thor, o deus do trovão), é uma divindade associada à justiça e à sabedoria.

[11]Na mitologia nórdica, o Ragnarok seria o fim de todas as coisas, a destruição do mundo, dos homens e até dos deuses. Depois outro ciclo seria iniciado, e tudo recomeçaria [N. T.]

[12]No *Kalevala*, o épico nacional finlandês, conta-se como o deus ferreiro Ilmarinen forjou o sampo, um artefato mágico, que conferia boa sorte ao seu possuidor. [N. T.]

[13]Mervy Peake (1911-1968), escritor inglês de obras de literatura fantástica e de fantasia com elementos surreais. [N. T.]

A respeito do mito

Apesar dessas inconveniências, eu devo usar a palavra *mito* ou inventar uma palavra, e penso que a primeira opção é o mal menor. Os que leem para entender — não me preocupo com os traficantes de estilo — vão compreender a palavra no sentido que estou lhe dando. Um mito significa, neste livro, uma história com as características seguintes:

1. O mito, no sentido que já indiquei, é extraliterário. Os que chegaram ao mesmo mito por intermédio de Natalis Comes,[14] Lemprière,[15] Kingsley,[16] Hawthorne,[17] Robert Graves[18] ou Roger Green[19] têm uma experiência mítica em comum; e isso é importante, e não um simples máximo divisor comum. Em contraste, os que chegaram à mesma história pelo Romeu de Brook[20] ou pelo Romeu de Shakespeare têm apenas um máximo divisor comum, sem valor em si mesmo.
2. O prazer do mito raramente depende de atrações narrativas costumeiras como o suspense ou a surpresa. Mesmo

---

[14] Natalis Comes (1520-1532) foi um mitógrafo italiano, cuja principal obra, *Mythologiae*, contribuiu para popularizar o conhecimento da mitologia clássica greco-romana no período da Renascença. [N. T.]
[15] John Lemprière (1765-1824), lexicógrafo inglês, conhecido por sua erudição. [N. T.]
[16] Charles Kingsley (1819-1875), sacerdote anglicano, reformador social e escritor inglês. [N. T.]
[17] Nathaniel Hawthorne (1804-1864), escritor estadunidense, cuja mais famosa obra é *A letra escarlate*. [N. T.]
[18] Robert Graves (1895-1985), poeta e romancista inglês (N. T.).
[19] Roger Lancelyn Green (1918-1987), escritor inglês de histórias para crianças. Foi professor em Oxford e membro dos Inklings, grupo do qual fizeram parte J. R. R. Tolkien e C. S. Lewis (N. T.).
[20] Arthur Brook, falecido em 1563, poeta inglês, autor de *The Tragical History of Romeus and Juliet* [A trágica história de Romeu e Julieta], considerada a principal fonte de inspiração para William Shakespeare escrever sua peça *Romeu e Julieta*. [N. T.]

quando o ouvimos pela primeira vez, parece inevitável. E ouvi-lo pela primeira vez tem o valor principal de nos apresentar a um objeto permanente de contemplação — mais como uma coisa que uma narrativa — que nos influencia por seu sabor peculiar de qualidade, não como um aroma ou um acorde faz. Algumas vezes, até da primeira vez, nenhum elemento narrativo aparece. A ideia que os deuses, e todos os homens bons, vivem sob a sombra do Ragnarok não é bem uma história. As Hespérides, com sua macieira e seu dragão, já são um mito potente, mesmo sem trazer Héracles para roubar as maçãs.
3. A simpatia humana é reduzida ao mínimo. Definitivamente não projetamos a nós mesmos nos personagens. Eles são como formas movendo-se em outro mundo. Sentimos de fato que o padrão dos movimentos deles tem uma relevância profunda para com as nossas vidas, mas não nos transportamos na imaginação ao mundo deles. A história de Orfeu nos deixa triste, mas lamentamos por todos os homens em vez de vividamente nos simpatizarmos com ele, tal como fazemos, digamos, com o *Troilus* de Chaucer.[21]
4. O mito é sempre, em um sentido da palavra, "fantástico". Lida com os impossíveis e com o sobrenatural.
5. A experiência pode ser triste ou alegre, mas é sempre grave. O mito cômico (no meu sentido de *mito*) é impossível.
6. A experiência não apenas é grave, mas inspiradora de reverência. Sentimos que o mito é numinoso.[22] É como se

---

[21]Troilus é um personagem do romance *Troilyusand Criseyde*, do poeta inglês Geoffrey Chaucer (1434-1400). [N. T.]

[22]A palavra *numinoso*, do latim *numen*, é um termo técnico em estudos de religião, utilizado pelo teólogo luterano alemão Rudolf Otto (1869-1937) em sua obra clássica *O sagrado*. A palavra é usada para designar uma realidade transcendental, metafísica, que assusta e atrai ao mesmo tempo. [N.T.]

um grande momento nos fosse comunicado. Os esforços recorrentes do pensamento para apreender — queremos dizer, em essência, conceituar — esse algo são vistos na tendência persistente da humanidade em dar explicações alegóricas aos mitos. E depois que todas as alegorias foram experimentadas, o mito em si continua a ser mais importante que elas. Estou descrevendo e não explicando os mitos. Inquirir como surgiram — se eles são uma ciência primitiva ou remanescentes fósseis de rituais, se são invenções de curandeiros ou o aflorar do inconsciente coletivo ou individual — vai além do meu propósito. Estou preocupado com o efeito dos mitos enquanto agem na imaginação consciente das mentes semelhantes às nossas, e não com seu efeito hipotético em mentes pré-lógicas ou em sua pré-história no inconsciente. Pois apenas o primeiro pode ser observado diretamente ou traz o tema para o âmbito dos estudos literários. Quando falo de sonhos, quero dizer, e só poderia dizer, sonhos que são lembrados depois de acordar. Da mesma forma, quando falo de mitos quero dizer mitos, tal como nós os experimentamos: isto é, mitos contemplados, mas não acreditados, desassociados do ritual, apresentados à imaginação plenamente desperta de uma mente lógica. Trato apenas daquela parte do iceberg que se mostra acima da superfície da água; sozinha tem beleza, e sozinha existe como um objeto de contemplação. Não há dúvida de que existe muita coisa submersa. O desejo de investigar as partes submersas tem uma genuína justificativa científica. Mas a atração peculiar do estudo, suspeito eu, surge em parte do mesmo impulso que faz com que os homens alegorizem os mitos. É mais um esforço para capturar, conceituar esse algo importante que os mitos parecem sugerir.

Considerando que eu defino os mitos pelo efeito que eles exercem em nós, está claro para mim que a mesma história pode ser um mito para uma pessoa e não para outra. Seria um erro fatal se meu objetivo fosse apresentar critérios pelos quais pudéssemos classificar histórias como míticas ou não míticas. Mas não é esse o meu objetivo. Estou preocupado com modos de ler, e é por isso que esta digressão sobre os mitos se fez necessária.

A pessoa que entra em contato pela primeira vez com o que considera um grande mito por meio de um relato verbal escrito de maneira crua, vulgar e repleto de cacofonias releva e ignora a má escrita e presta atenção apenas ao mito. Ela não se importa muito com a escrita. Está contente por ter o mito em quaisquer termos. Mas isso se assemelharia com precisão ao mesmo comportamento que, no capítulo anterior, eu atribuí ao não literato. Nos dois há a mesma atenção mínima às palavras e a mesma concentração no acontecimento. Mesmo assim, se igualássemos aquele que ama o mito com a massa dos não literatos, estaríamos profundamente equivocados.

A diferença é que, enquanto ambos usam o mesmo procedimento, o que ama o mito utiliza-o quando é apropriado e fecundo, ao contrário dos não literatos. O valor característico do mito não é um valor literário, nem a apreciação de um mito é uma experiência tipicamente literária. Ele não se aproxima das palavras com a expectativa ou a crença de que elas sejam um bom material de leitura; elas constituem apenas informação. Seus méritos ou defeitos literários não importam (para seu propósito principal) muito mais que uma tabela de horários ou um livro de receitas. Claro que pode acontecer de as palavras que lhe contam o mito serem em si mesmas uma obra de fina arte literária

— como na prosa Edda.[23] Se esse leitor for uma pessoa literata — e quase sempre é —, irá se deliciar na peça literária em si. Mas o prazer literário será distinto de sua apreciação do mito, assim como nosso desfrute pictórico de *O nascimento de Vênus*, de Botticceli, é distinto das nossas reações, quaisquer que sejam elas, ao mito que o quadro celebra.

Os não literatos, por sua vez, sentam-se para "ler um livro". Submeteram sua imaginação à guia de um autor. Mas é uma submissão irresoluta. Eles podem fazer muito pouco por si mesmos. Tudo tem que ser enfatizado, descrito e revestido com os *clichês* certos para prender sua atenção. Porém, ao mesmo tempo, não têm nenhuma noção de obediência estrita às palavras. O comportamento deles em um determinado sentido é mais literário que o da pessoa que busca — e ama — o mito por meio do verbete árido de um dicionário de cultura clássica; mais literário porque está preso ao e totalmente dependente do livro. Mas é algo tão nebuloso e precipitado que dificilmente poderia utilizar qualquer coisa que um bom livro oferece. São como aqueles alunos que querem que tudo lhes seja explicado e não prestam muita atenção à explicação. E apesar de, tal como o amante de mitos, se concentrarem no acontecimento, é um tipo muito diferente de acontecimento e um tipo muito diferente de concentração. Ele será tocado pelo mito enquanto viver; eles, quando a empolgação momentânea acabar e a curiosidade momentânea for satisfeita, se esquecerão do acontecimento para sempre. E com razão, porque o tipo de acontecimento que valorizam não demanda a lealdade permanente da imaginação.

---

[23] A Edda é uma coleção escrita em norueguês antigo no início do século XII da era cristã. É a principal fonte de informações que se tem sobre a antiga mitologia escandinava. [N. T.]

Um experimento em crítica literária

Em resumo, o comportamento de quem ama os mitos é extraliterário, enquanto o dos demais é não literário. Ele extrai dos mitos o que estes têm para oferecer. Eles não extraem da leitura nem um décimo ou um quinquagésimo do que a leitura tem a oferecer.

Tal como eu já havia dito, o grau pelo qual qualquer história é um mito depende em grande medida da pessoa que a ouve ou a lê. Segue-se daí um importante corolário. Não devemos nunca presumir que sabemos exatamente o que está acontecendo quando qualquer outra pessoa lê um livro.[24] Bem além de qualquer dúvida, o mesmo livro pode ser uma mera "fábula" emocionante para um e veicular um mito, ou algo como um mito, para outro. A leitura de Rider Haggard é especialmente ambígua quanto a esse respeito.[25] Se você se encontrar com dois garotos lendo seus romances, você não poderá concluir que estão tendo a mesma experiência. Enquanto um se concentra apenas no perigo que os heróis correm, o outro pode sentir o que é "assombroso". Enquanto um se apressa por curiosidade, o outro pode pausar para contemplar. Para o garoto não literato as cenas de caça a elefantes e os naufrágios podem ser tão bons quanto o elemento mítico — são igualmente "empolgantes" — e Haggard, em geral, pode entreter tanto quanto John Buchan.[26] O garoto que aprecia os mitos, se também for literato, logo descobrirá que Buchan é de longe o melhor escritor; mesmo assim, terá consciência de que, por intermédio de Haggard, encontrará

---

[24]Não digo que nunca podemos descobrir
[25]Rider Haggard (1856-1925), escritor inglês da era vitoriana, famoso por suas obras de aventuras em ambientes exóticos, sendo a mais conhecida *As minas do Rei Salomão*. [N. T.]
[26]John Buchan (1875-1940) foi um escritor escocês que também se dedicou à política, tendo escrito livros de aventuras. [N. T.]

algo que é muito mais que mera emoção. Ao ler Buchan, ele se pergunta "O herói vai fugir?" Ao ler Haggard, sente que "Eu nunca vou conseguir sair disso. Isso nunca vai escapar de mim. Essas imagens deitaram raízes profundas bem abaixo da superfície da minha mente".

Logo, a semelhança de método entre leitura de mitos e a leitura característica do não literato é superficial. E são praticadas por diferentes tipos de pessoas. Já conheci literatos que não gostam de mitos, mas nunca conheci um não literato que gostasse. O não literato aceitará histórias que consideramos flagrantemente improváveis; a psicologia, o estado da sociedade apresentado, as viradas no enredo são incríveis. Mas eles não aceitam o que é comprovadamente impossível e sobrenatural. "Isso não poderia acontecer de verdade", dizem eles, e deixam o livro de lado. Pensam que é "bobo". Assim, enquanto algo a que poderíamos chamar de "fantasia" constitui boa parte da experiência deles enquanto leitores, eles invariavelmente não gostam do que é fantástico. Mas essa distinção me adverte que não podemos penetrar muito a fundo em suas preferências sem primeiro definir alguns termos.

CAPÍTULO 6

Os significados de "fantasia"

A palavra *fantasia* é um termo tanto literário quanto psicológico. Enquanto literário, uma fantasia significa qualquer narrativa que lida com o impossível e o sobrenatural. *A balada do velho marinheiro*,[1] *Gulliver*,[2] *Erewhon*,[3] *O vento nos salgueiros*,[4] *The Witch of Atlas* [A feiticeira de Atlas],[5] *Jurgen*,[6] *The Crock of Gold* [O vaso de ouro],[7] a *Vera Historia* [História

---

[1] *A balada do velho marinheiro*, do poeta inglês Samuel Taylor Coleridge (1772-1834), conta a respeito de uma viagem marítima na qual vários acontecimentos sobrenaturais se sucedem. [N. T.]

[2] *Viagens de Gulliver*, a mais conhecida obra do escritor irlandês Jonathan Swift (1667-1745). [N. T.]

[3] *Erewhon*, do escritor inglês Samuel Butler (1835-1902), considerada uma das mais importantes utopias literárias do século XIX. Erewhon é um país imaginário no qual a narrativa ocorre. [N. T.]

[4] *O vento nos salgueiros* é uma fantasia para crianças do escritor escocês de literatura infantil Kenneth Grahame (1859-1932). [N. T.]

[5] *The Witch of Atlas* é um poema do escritor inglês Percy Bysshe Shelley (1792-1822). [N. T.]

[6] *Jurgen, A comédia da justiça*, do escritor norte-americano de fantasia e ficção James Branch Cabell (1879-1958). [N. T.]

[7] *The Crock of Gold* é um romance humorístico do escritor irlandês James Stephens (1880-1950). [N. T.]

Os significados de "fantasia"

verdadeira],[8] *Micrômegas*,[9] *Planolândia*[10] e as *Metamorfoses*, de Apuleio,[11] são fantasias. É claro que são bastante heterogêneas em espírito e propósito. A única coisa em comum a elas é o elemento fantástico. Chamarei esse tipo de fantasia de "fantasia literária".

Como termo psicológico, *fantasia* tem três significados.

1. Uma construção imaginativa que, de um modo ou de outro, agrada o paciente e é confundida como sendo a realidade. Uma mulher nessa condição imagina que uma personalidade famosa está apaixonada por ela. Um homem acredita que é o filho de pais nobres e abastados que desapareceu há muito tempo, e logo será descoberto, reconhecido e cativado com luxo e honrarias. Os acontecimentos mais comuns são distorcidos, com frequência não sem engenhosidade, para servir como evidência da crença estimada. Não há necessidade que eu dê um nome a esse tipo de fantasia, porque não será necessário voltar a mencioná-la. O delírio, a não ser por algum acidente, não causa interesse literário.

2. Uma construção imaginativa agradável entretida de maneira incessante e em detrimento do próprio paciente, mas sem a ilusão de que seja realidade. Um sonho acordado

---

[8] *Vera Historia*, de Luciano de Samósata (125-181), escrita no segundo século da era cristã, é a obra de ficção mais antiga da qual se tem notícia que trata do tema de viagens ao espaço. [N. T.]

[9] *Micrômegas* é uma obra de ficção espacial do conhecido escritor francês Voltaire (1694-1778). [N. T.]

[10] *Planolândia — Um romance de muitas dimensões* é uma obra de ficção do escritor inglês Edwin Abott Abott (1838-1926). [N. T.]

[11] *Metamorfoses* é uma obra de ficção do escritor latino Lucio Apuleio (125 d.C.-170 d.C.). [N. T.]

— e assim é reconhecido pelo sonhador — de triunfos militares ou eróticos, de poder ou grandeza, ou mesmo mera popularidade, que é reiterado ou elaborado de forma constante ano após ano. Vem a ser o principal consolo e quase o único prazer da vida do sonhador. Sempre que as necessidades da vida o libertam, retira-se para "esta rebelião invisível da mente, esta prodigalidade generosa do ser". Realidades, mesmo as realidades que agradam aos outros homens, para ele ficam insípidas. Torna-se incapaz de qualquer esforço necessário para alcançar uma felicidade que não seja meramente imaginária. O sonhador de riquezas ilimitadas não poupará um único centavo. O Don Juan imaginário não medirá esforços para se mostrar minimamente agradável para qualquer mulher com quem se encontrar. Eu denomino essa atividade de construção mórbida de castelos.

3. A mesma atividade realizada de maneira moderada e breve como um feriado ou uma recreação temporários, devidamente subordinada a atividades mais efetivas e descontraídas. Talvez não seja preciso discutir se um homem seria mais sábio ao viver sem nada disso em sua vida, uma vez que ninguém o faz. Nem tal devaneio sempre tem um fim em si mesmo. O que de fato fazemos é o que frequentemente sonhamos em fazer. Os livros que escrevemos uma vez foram livros que, em um sonho acordado, nos imaginamos escrevendo — apesar de que, é claro, jamais de maneira tão perfeita. Eu chamo isso construção normal de castelos.

Mas a construção normal de castelos pode ser de dois tipos, e a diferença entre os dois é muito importante. Esses tipos podem ser denominados egoísta e desinteressado.

No primeiro, o próprio sonhador é sempre o herói, e tudo é visto através de seus olhos. É ele que dá respostas espirituosas, conquista as mulheres bonitas, é dono de um iate transoceânico ou aclamado como o maior poeta em atividade no mundo. No outro, o sonhador não é o herói do sonho, ou talvez nem faça parte dele. Assim, um homem que não tem a menor condição de viajar para a Suíça, na realidade, pode se distrair com devaneios sobre um feriado alpino. Ele estará presente na ficção, mas não como um herói, e sim como um espectador. Uma vez que sua atenção estaria voltada para fora de si mesmo, para as montanhas, como se estivesse de fato na Suíça, então a atenção dele está voltada para as montanhas imaginárias na construção de castelos. Mas algumas vezes o sonhador não está presente de jeito nenhum no sonho. É provável que eu seja um dos muito que, em uma noite insone, se entretém com paisagens inventadas. Desenho grandes rios onde as gaivotas gritam nos estuários, através dos contornos cada vez mais estreitos e de desfiladeiros íngremes, até o quase inaudível tilintar do barulho da nascente daquele rio em uma curva de um brejo. Mas não estou lá eu mesmo como um explorador, nem mesmo como um turista. Estou vendo aquele mundo de fora. Um estágio posterior é alcançado com frequência pelas crianças, em geral em cooperação. Elas conseguem inventar todo um mundo, povoá-lo e permanecer fora dele. Porém, quando tal estágio é alcançado, algo mais que um simples devaneio entrou em ação: está ocorrendo construção, invenção — em uma única palavra, *ficção*.

Há então, se o sonhador tem algum talento, uma transição fácil da construção desinteressada de castelos para a invenção literária. Há até mesmo uma transição da construção egoísta para a desinteressada, e daí para a ficção genuína. Trollope nos conta em sua autobiografia como seus romances cresceram a partir da construção de um castelo que no início tinha sido do tipo mais flagrantemente egoísta e compensatório.

Nesta investigação atual, contudo, não estamos preocupados com a relação entre construção de castelos e composição, mas entre construção de castelos e a leitura. Já afirmei que um tipo de história apreciada pelos não literatos é aquela que os capacita a desfrutar do amor, da riqueza ou da fama indiretamente, por intermédio dos personagens. Na verdade, é uma construção egoísta de castelos guiada ou conduzida. Enquanto leem, projetam a si mesmos no personagem mais invejável ou admirável, e, depois de terminada a leitura, é provável que seus prazeres e suas vitórias forneçam vestígios para os próximos sonhos.

Presume-se às vezes, penso eu, que toda a leitura dos não literatos seja desse tipo e envolva essa projeção. Por "*essa* projeção", quero dizer uma projeção por conta dos prazeres, triunfos e honras indiretos. Algum tipo de projeção sobre todos os personagens principais, tanto vilões quanto heróis, invejáveis e desprezíveis de igual modo, é sem dúvida necessário para todos os leitores de todas as histórias. Precisamos "empatizar", penetrar seus sentimentos, ou então seria melhor ler sobre os amores dos triângulos.[12] Mas seria precipitado concluir que, mesmo para os leitores não literatos de ficção popular, há sempre uma projeção do modelo egoísta da construção de castelos.

Para início de conversa, alguns deles gostam de histórias cômicas. Não penso que o prazer de uma piada é sempre, para

---

[12] Possível alusão ao livro do escritor e erudito inglês Edwin A. Abbott (1838-1926), *Planolândia: um romance de muitas dimensões*, em que as diferentes figuras geométricas são dotadas de características humanas e, em dado momento, trata de como o triângulo pode ou não se casar entre si. [N. E.]

eles ou para qualquer outra pessoa, uma forma de construção de castelos. Certamente não desejamos *ser* o Malvólio[13] usando ligas em volta das pernas ou o Sr. Pickwick[14] no lago. Dentro do possível, poderíamos dizer "gostaria de estar lá para ver isso", mas é desejar que sejamos apenas espectadores — o que já somos — naqueles lugares que julgamos melhores. Repito, muitos dos não literatos gostam de histórias de fantasmas e outros horrores, porém, quanto mais gostam deste tipo de história, menos gostariam de ser eles mesmos personagens em uma delas. É possível desfrutar de histórias de aventuras às vezes porque o leitor se vê no papel do herói corajoso e engenhoso. Mas não creio que possamos ter certeza de que esse é seu único ou principal prazer. Ele pode admirar um herói desses e desejar seu sucesso sem se apropriar desse sucesso.

Sobrou um grupo de histórias cuja atração, até onde podemos constatar, não depende de nada a não ser de uma construção egoísta de castelos: histórias de sucesso, algumas de amor e algumas da alta sociedade. Essas são as leituras favoritas de leitores das classes mais baixas; mais baixas, porque ler os faz saírem, mesmo que por um pouco de tempo, de si mesmos, confirma neles uma autoindulgência que eles já têm em demasia e os desvia da maior parte daquilo que realmente tem valor tanto nos livros como também na vida. Essa construção de castelos, com a ajuda ou não de livros, é o que os psicólogos chamam de fantasia em um dos sentidos da palavra. Se não tivéssemos feito as distinções necessárias, seria

---

[13]Malvólio é um personagem da peça *Noite de Reis*, de William Shakespeare, conhecida por usar ligas pretas ao redor de meias amarelas. [N. T.]
[14]O Sr. Pickwick é personagem de *As aventuras do Sr. Pickwick*, do escritor inglês Charles Dickens. [N. T.]

fácil presumir que tais leitores gostariam de fantasias literárias. O inverso é verdadeiro. Faça um teste e descobrirá que as detestam. Pensam que são apenas "histórias para crianças" e não veem nenhuma vantagem em ler "coisas que nunca acontecem de verdade".

Fica evidente para nós que os livros de que gostam estão cheios de impossibilidades. Eles não têm objeção a psicologias monstruosas nem a coincidências absurdas. Mas exigem uma observância rigorosa das leis naturais tal como as conhecem e uma normalidade geral quanto a roupas, engenhocas, alimentos, casas, profissões e ao tom em geral do mundo cotidiano. Isso, sem dúvida, se deve em parte à extrema inércia da imaginação deles. Eles apenas podem tornar real para si o que já leram mil vezes e viram centenas de vezes antes. Porém, há uma razão mais profunda.

Ainda que não confundam sua construção de castelos com a realidade, querem sentir que poderia ser assim. A leitora não acredita que todos os olhares a estão seguindo tal como acontece com a heroína do livro. Ela quer sentir que, se tivesse mais dinheiro e, por consequência, melhores vestidos, joias, cosméticos e oportunidades, talvez estivessem. O leitor não acredita que é rico e frequenta a alta sociedade, mas, se ganhasse na loteria, se fortunas pudessem tão somente ser construídas sem qualquer talento, isso poderia vir a ser. Ele sabe que o sonho não aconteceu, mas exige que seja, em princípio, realizável. É por isso que a mais leve sugestão de algo que se admite impossível estraga seu prazer. Uma história que apresente o maravilhoso, o fantástico lhe diz, de maneira implícita: "Sou apenas uma obra de arte. É assim que você deve me receber — deve me desfrutar pelas minhas sugestões, minha beleza, minha ironia, minha construção, e assim por diante. Não há a menor possibilidade de qualquer coisa nesse sentido acontecer com você no mundo real". Depois disso, o ato de ler — seu tipo de leitura — torna-se sem sentido. A não ser que ele sinta que "um dia isso poderia — quem sabe? — acontecer comigo", todo o propósito pelo qual lê é frustrado. É, portanto, uma regra absoluta: quanto mais a leitura de alguém é uma forma de construção egoísta de castelos, mais exigirá certo realismo superficial e menos gostará do fantástico. Quer ser enganado, pelo menos por um instante, e nada pode enganar, a não ser que seja algo que traga uma semelhança plausível com a realidade. Uma construção desinteressada de castelos pode sonhar com néctar e ambrosia, com o pão das fadas e com orvalho de mel; o tipo egoísta sonha, em vez disso, com ovos e bacon ou bife.

Mas eu já usei a palavra *realismo*, que é ambígua, e deve ser decomposta.

CAPÍTULO | 7

Sobre
realismos

A palavra *realismo* tem um significado em lógica, na qual seu oposto é o nominalismo, e outro em metafísica, na qual seu oposto é o idealismo. Na linguagem política, tem um terceiro e um tanto depreciado significado: as atitudes de nossos oponentes que deveríamos chamar de "cínicas" são chamadas de "realistas" quando o nosso lado as adota. No momento, nenhum desses sentidos nos preocupa. Nosso interesse é apenas com *realismo* e *realista* enquanto termos da crítica literária. E mesmo nessa área restrita, uma distinção precisa ser estabelecida de imediato.

Todos nós deveríamos descrever como realistas as especificações exatas de tamanho que são dadas por medição direta em *Gulliver* ou por comparação com os objetos famosos na *Divina comédia*. E quando o frei de Chaucer afugenta o gato do banco em que quer se sentar, deveríamos descrever isso como um toque realista.[1] É o que chamo de realismo de representação — a arte de trazer algo para perto de nós, fazendo com que aquilo que está sendo representado seja palpável e vívido,

---

[1] *Contos da Cantuária*, D, 1775.

por meio de detalhes nitidamente observados ou imaginados. Podemos citar como exemplos o dragão "fungando por toda a pedra", em *Bewoulf*; o Arthur, de Lazamon, que, ao ouvir que era rei, sentou-se em silêncio e, "em um momento estava enrubescido, e, em outro, estava pálido"; os pináculos em Gawain, que pareciam ter sido "recortados do papel"; Jonas entrando na boca da baleia "como um grão de areia na porta de uma catedral"; as fadas padeiras em Huon tirando a massa dos seus dedos; Falstaff em seu leito de morte, "arrancando o lençol da cama"; os pequenos riachos de Wordsworth, ouvidos de noite, mas "inaudíveis à luz do dia".[2]

Para Macaulay, tal realismo de representação é a principal distinção entre Dante e Milton. E Macaulay está certo até certo ponto, embora nunca se dera conta de que tropeçou não na diferença entre dois poetas em particular, mas na diferença geral entre as obras medievais e as clássicas. A Idade Média privilegiou um desenvolvimento brilhante e exuberante do realismo representacional, porque naquele tempo os homens não eram inibidos nem por um espírito da época — revestiam suas histórias com os costumes do seu tempo — nem por um senso de decoro. A tradição medieval nos deu *"Fire and fleet and candle-light"*,[3] e a clássica *"C'était pendant l'horreur d'une profonde nuit"*.[4]

---

[2] *Beowulf*, 2288; *Brut*, 1987 sq.; *Gawain e o cavaleiro verde*, 802; *Patience*, 268; *Duke Huon of Burdeux*, II, cxvi, p. 409, ed. S. Lee, E.E.T.S.; *Henrique V*, II, iii, 14; *Excursion*, IV, 1174.
[3] *"Fire and fleet and candle-light"* é um verso de *Lyke-Wake Dirge*, canção popular anônima inglesa do período medieval que narra a viagem da alma até o céu. Significa "fogo, abrigo e luz de velas", expressando o conforto e a segurança que a alma encontra ao chegar ao céu. [N. T.]
[4] *C'était pendant l'horreur d'une profonde nuit* — "Foi durante o horror de uma noite profunda" — é o trecho de *Athalie*, peça do teatrólogo francês Jean Racine. [N. T.]

Há de se observar que a maioria dos exemplos de realismo representacional que estou apresentando, ainda que não os tenha escolhido por este motivo, ocorrem na narração de histórias que não são "realistas" em si, apenas no sentido de serem prováveis ou até mesmo possíveis. Isso deveria esclarecer de uma vez por todas uma confusão muito elementar que já detectei algumas vezes entre o realismo de representação e aquilo que chamo de realismo de conteúdo.

Uma ficção é realista em conteúdo quando é provável ou "fiel à vida". Encontramos realismo de conteúdo, isolado do mais leve realismo de representação e, portanto, "quimicamente puro", em uma obra como *Constant*, de Adolphe. Ali uma paixão, e o tipo de paixão que não é muito raro no mundo real, é perseguida em todas as suas angústias até a morte. Não há uma descrença a ser suspensa.[5] Nós nunca duvidamos de que isso é exatamente o que poderia acontecer. Mas enquanto há muito para ser sentido e muito para ser analisado, não há nada para ser visto, ouvido, provado ou tocado. Não há *"close-ups"* nem detalhes. Não há personagens secundários nem mesmo lugares dignos de menção. Com exceção de uma passagem curta, por um propósito especial, não há referência nem ao clima nem à zona rural. Em Racine também, dada a situação, tudo é provável, mesmo inevitável. O realismo de conteúdo é grande, mas não há realismo de representação. Não sabemos como qualquer um parecia, vestia-se ou comia. Todos falam do mesmo jeito. Não há quase nenhum costume. Eu sei muito bem o

---

[5] Referência ao conceito de "suspensão da descrença", um termo técnico de teoria da literatura que diz que o leitor, para ter uma experiência estética autêntica, precisa deixar de lado a descrença nos elementos impossíveis, fantásticos, contraditórios ou irreais do texto que lê. Caso contrário, não "aproveitará" sua leitura. A expressão foi criada pelo poeta inglês Samuel Taylor Coleridge, em 1817. [N.T.]

que significaria *ser* Orestes[6] (ou Adolphe), mas não saberia se o encontrei como com certeza reconheceria Pickwick, ou Falstaff,[7] ou provavelmente o velho Karamazov, ou Bercilak.[8]

Os dois realismos são bem independentes. É possível ter o de representação sem o de conteúdo, como no romance medieval; ou o de conteúdo sem o de representação, como na tragédia francesa (e em algumas gregas); ou ter os dois juntos, como em *Guerra e paz*,[9] ou nenhum dos dois, como em *Furioso*,[10] ou *Rasselas*,[11] ou *Cândido*.[12]

Nesta época, é importante que nos lembremos de que todas as quatro maneiras possíveis de escrever são boas e obras-primas podem ser produzidas em qualquer uma delas. O gosto dominante no presente exige realismo de conteúdo.[13] As grandes conquistas do romance do século XIX nos treinaram para apreciá-lo e esperá-lo. Todavia, cometeríamos um erro desastroso e criaríamos mais uma classificação equivocada de livros e leitores se elevássemos essa preferência

---

[6] Na mitologia grega, Orestes é filho do rei Agamêmnon e da rainha Clitemnestra. O filho deve assassinar a mãe para vingar a morte do pai pelas mãos de Clitemnestra e de seu amante. A lenda de Orestes inspira três tragédias do teatrólogo grego Sófocles. [N. T.]

[7] Falstaff é um personagem criado por William Shakespeare, apresentado como fanfarrão, boêmio e *bon vivant*. [N. T.]

[8] Bercilak é o nome do Cavaleiro Verde, personagem de *Sir Gawain e o cavaleiro verde*, poema do ciclo arturiano, da Inglaterra do século XIV. [N. T.]

[9] *Guerra e paz* é uma das mais conhecidas obras do escritor russo Liev Tolstói, publicado em 1867. [N. T.]

[10] *Orlando furioso* é um poema do italiano Ludovico Ariosto, escrito no início do século XVI. [N. T.]

[11] *A história de Rasselas, príncipe da Abissínia*, é uma obra do poeta inglês Samuel Johnson, escrita no século XVIII. [N. T.]

[12] *Cândido, ou O otimismo* é uma história escrita pelo filósofo francês Voltaire, publicado em 1759. [N. T.]

[13] E em geral, realismo de representação também. Mas no momento este último não é relevante.

natural e historicamente condicionada à condição de princípio. Há um perigo nisso. Ninguém que eu conheça disse, de fato, em tantas palavras, que uma ficção não é adequada para uma leitura adulta e civilizada a não ser que represente a vida tal como a conhecemos ou viremos a conhecer pela experiência. Porém, parece que tal suposição espreita muita crítica e discussão literária. Percebemos isso na negligência ou no descrédito generalizado do romântico, do idílico e do fantástico, e da rapidez com que estigmatizamos exemplos desses gêneros como sendo "escapismo". Percebemos isso quando livros são elogiados por serem "comentários sobre" ou "reflexões" (ou, pior ainda, "fatias") da vida. Percebemos também que a "fidelidade à vida" é tida como tendo uma autoridade sobre a literatura que supera todas as demais considerações. Autores, coibidos por nossas leis contra a obscenidade — leis que podem ser bem bobas — de usar meia dúzia de monossílabos, sentem-se como se fossem mártires da ciência, como Galileu. À objeção "isso é obsceno" ou "isso é depravado", ou mesmo à objeção mais importante do ponto de vista crítico, "isso não é interessante", a resposta "isso ocorre na vida real" algumas vezes parece ser entendida como sendo quase suficiente.

Primeiro, precisamos decidir que espécies de ficção podem ser apontadas como fiéis à vida. Imagino que devemos dizer que um livro tem essa propriedade quando um leitor sensível, quando o termina, pode sentir: "Sim. Isso — desse jeito horrível, ou esplêndido, ou vazio, ou irônico — é o que nossa vida é. Esse é o tipo de coisa que acontece. É assim que as pessoas se comportam".

Mas quando dizemos "o tipo de coisa que acontece", queremos dizer que é o tipo de coisa que acontece em geral ou frequentemente, algo que é típico da raça humana? Ou queremos dizer "o tipo de coisa que poderia acontecer ou que,

Sobre realismos

por uma chance em mil, pode ter acontecido uma vez?" Pois há uma grande diferença quanto a isso entre *Édipo tirano*[14] ou *Grandes esperanças*[15] de um lado, e *Middlemarch* ou *Guerra e paz* do outro. Nos dois primeiros, vemos (de modo geral) tais acontecimentos e comportamentos que seriam prováveis e característicos da vida humana, dada a situação. Mas a situação em si não é. É extremamente improvável que um menino pobre de repente fique rico graças a um benfeitor anônimo, que mais tarde se revela um criminoso. São remotas as chances de qualquer um ser abandonado quando bebê, depois resgatado, depois adotado por um rei, daí, por uma coincidência, ter matado o pai, e logo depois, por outra coincidência, casado com a viúva do pai. A má sorte de Édipo demanda tanta suspensão da descrença quanto a boa sorte do Conde de Monte Cristo.[16] Nas obras-primas de George Eliot e Tolstói, por outro lado, tudo é provável e típico da natureza humana. Essas são as coisas que podem acontecer com qualquer um. Essas coisas podem ter acontecido com milhares de pessoas. Podemos esbarrar em pessoas desse tipo a qualquer momento. Podemos dizer sem nenhuma reserva: "A vida é assim".

Ficções desses dois tipos podem ser distinguidas de fantasias literárias como o *Furioso*, *O conto do velho marinheiro* ou *Vathek*,[17] embora devam também ser distinguidos um do outro. E tão logo essa distinção ocorra, não podemos deixar

---

[14] *Édipo Tirano* é uma peça do dramaturgo grego Sófocles, que viveu no quarto século a. C. [N. T.]
[15] *Grandes esperanças* é um livro do escritor inglês do século XIX Charles Dickens. [N. T.]
[16] Ver o apêndice.
[17] *Vathek* é um romance de estilo gótico do escritor inglês William Beckford (1760-1844). O livro foi escrito originalmente em francês, tendo sido traduzido para o inglês pelo reverendo Samuel Henley, clérigo anglicano conhecido por sua erudição. [N. T.]

de observar que até tempos bem modernos quase todas as histórias eram do primeiro tipo — pertenciam ao grupo de Édipo, não ao do *Middlemarch*. E, assim como todo mundo, com exceção das pessoas chatas, não menciona em suas conversas o que é normal, mas excepcional — você mencionará que viu uma girafa em Petty Cury,[18] mas não que viu um estudante —, os autores tratavam do excepcional. Públicos de tempos passados não teriam visto nenhum sentido em uma história sobre qualquer outra coisa. Diante de questões como as que encontramos em *Middlemarch*, ou *A feira das vaidades*,[19] ou *The Old Wives's Tale*[20] [O conto das velhas esposas], diriam: "Mas tudo isso é perfeitamente comum. É o que acontece todo dia. Se essas pessoas são tão comuns, e o que acontece com elas é tão banal, por que você está nos contando a respeito delas em primeiro lugar?" Podemos aprender da atitude mundial e imemorial do homem ao notar como as histórias são introduzidas na conversa. As pessoas começam dizendo: "A coisa mais estranha que já vi foi...", ou "Vou lhe contar algo ainda mais esquisito que aquilo", ou "Tenho algo para dizer que você mal vai acreditar". Esse era o espírito de quase todas as histórias antes do século XIX. Os feitos de Aquiles ou de Rolando[21] eram contados porque foram atos heroicos excepcionais e improváveis; o fardo matricida

---

[18]Petty Cury é um calçadão comercial na cidade de Cambridge, na Inglaterra. [N. T.]

[19]*A feira das vaidades* é um romance do escritor inglês William Makepeace Thackeray (1811-1863). [N. T.]

[20]*The Old Wives's Tale* é um romance do escritor inglês Arnold Bennett (1867-1931). [N. T.]

[21]Rolando é um personagem da chamada Matéria de França ou Ciclo Carolíngio, que apresenta as aventuras de Carlos Magno e os Doze Pares de França. Rolando, sobrinho de Carlos Magno, era o líder da guarda pessoal do rei, os doze cavaleiros conhecidos como os Doze Pares de França. [N. T.]

Sobre realismos

de Orestes, porque era um fardo excepcional e improvável; a vida de um santo, porque ele era excepcional e improvavelmente santo. A má sorte de Édipo, ou de Balin,[22] ou de Kullervo[23] foi contada porque estava além de todo precedente. *The Reeve's Tale*[24] [O conto do capataz] foi contado porque o que acontece nele é incomum e tal, mas inacreditavelmente engraçado.

Assim, é claro que, se formos realistas radicais a ponto de defendermos que toda boa ficção tem que ser fiel à vida, teremos que assumir uma ou outra de duas linhas. Por um lado, podemos dizer que as únicas ficções boas são aquelas que pertencem ao segundo tipo, a família de *Middlemarch*: ficções das quais podemos dizer, sem reservas, "a vida é assim". Se fizermos isso, teremos contra nós a prática e a experiência literárias de quase toda a raça humana. Esse é um antagonista formidável demais. *Securus judicat.*[25] Caso contrário, teremos que argumentar que histórias como as de Édipo, com elementos excepcionais e atípicos (e, portanto, notáveis), também são fiéis à vida.

Pois bem, se formos determinados o suficiente, poderemos apenas — e tão só — ignorá-los. Poderemos defender

---

[22] Sir Balin, o selvagem, personagem da Matéria da Bretanha ou Ciclo Arturiano (o conjunto de lendas referentes ao rei Artur), é um dos Cavaleiros da Távola Redonda, cujo fim é trágico. [N. T.]
[23] Kullervo é um personagem da literatura finlandesa que se tornou conhecido pelo elemento trágico que acompanha sua vida. [N. T.]
[24] *The Reeve's Tale* é parte dos Contos da Cantuária, de Geoffrey Chaucer. [N. T.]
[25] A frase é *Securus judicat orbis terrarum* — "o veredicto do mundo inteiro é seguro (ou conclusivo)". Foi dita por Agostinho com respeito à Igreja "Católica" (não Romana), isto é, a igreja universal. Se toda a Igreja tem uma determinada opinião sobre um determinado ponto, essa opinião deve ser aceita. [N. T.]

que histórias assim estão dizendo de maneira implícita que "a vida é de um jeito tal que até isso é possível. Um homem poderia ficar rico devido a um criminoso agradecido. Um homem pode ser tão azarado quanto Balin. Um homem pode ser queimado com ferro em brasa e gritar 'água' bem na hora de convencer um velho e bobo proprietário de terras a cortar uma corda porque ele fora convencido que o 'dilúvio de Noé' ia acontecer outra vez. Uma cidade poderia ser tomada por um cavalo de madeira". E teríamos que defender não só que estão dizendo isso, mas que dizem de forma verdadeira.

Entretanto, mesmo que tudo isso seja concedido — e o último item é difícil de engolir —, a posição me pareceria artificial demais, algo pensado em defesa de uma tese desesperada e fora de sintonia com a experiência que temos quando lemos as histórias. Mesmo se as histórias permitirem concluir que "a vida é de um jeito tal que isso é possível", será que alguém acreditaria que elas convidam a essa conclusão, que são contadas ou ouvidas por causa disso, que é algo mais que um acidente isolado? Porque aqueles que contam a história e os que a leem (incluindo a nós mesmos) não estão pensando a respeito de nenhuma generalidade como a vida humana. A atenção está voltada para algo concreto e individual; para o terror, o esplendor, a maravilha, a pena ou o absurdo de um caso particular. Isso é o que importa não por qualquer luz que possa iluminar a vida do homem, mas por si mesmo.

Em geral, quando tais histórias são bem produzidas, nós obtemos o que pode ser chamado de probabilidade hipotética — o que seria provável se a situação inicial acontecesse. Contudo a situação em si é tratada como se fosse imune à crítica. Em épocas mais simples, era aceita com base na autoridade. Nossos ancestrais atestavam isso usando expressões como *myn auctour* ("meu autor") ou *thise olde wise* ("este velho

Sobre realismos

sábio").[26] Era tomada, se poetas e ouvintes levantassem a questão em primeiro lugar, como tomamos um fato histórico. E o fato, diferente da ficção, se suficientemente bem atestado, não precisa ser provável. Em geral não é. Algumas vezes somos alertados para não tirarmos das narrativas quaisquer conclusões quanto à vida em geral. Quando um herói levanta uma pedra grande, Homero nos diz que nem dois homens modernos, nem dois homens do mundo da nossa experiência seriam capazes de fazer o mesmo.[27] Hércules, diz Píndaro, viu a terra dos hiperbóreos,[28] mas não imagine que você vai chegar lá.[29] Em tempos mais sofisticados, a situação é aceita mais como um postulado. "Vamos admitir" que Lear[30] dividiu o seu reino; que o "*riche gnof*"[31] em "O conto do moleiro" era infinitamente crédulo; que uma moça que coloca uma roupa de homem fica irreconhecível de imediato para todos, incluindo o seu amante; que calúnias contra as pessoas mais próximas e queridas, mesmo quando levantadas pelos personagens mais suspeitos, serão levadas a sério. Com certeza o autor não está dizendo "esse é o tipo de coisa que acontece"? Ou se certamente está, ele mente? Mas ele não está. Ele está dizendo: "Imagine se isso acontecesse, quão interessante, quão tocante as consequências não seriam! Ouçam. Seria assim". Questionar o postulado em si demonstraria uma compreensão equivocada, como perguntar por que trunfos devem ser trunfos. É o tipo de coisa que Mopsa faz. Não é o ponto. A *razão*

---

[26]Em inglês medieval no original. [N. T.]
[27]*Ilíada*, V, 302 sq.
[28]Na mitologia grega, a Hiperbórea era uma terra fantástica e maravilhosa localizada no extremo norte do mundo. [N. T.]
[29]*Olympian* iii, 31; *Pythian* X, 29 sq.
[30]Referência à tragédia *Rei Lear*, de William Shakespeare. [N. T.]
[31]*Riche gnof*, "roceiro rico" (em inglês medieval no original). [N. T.]

de ser da história é o que nos fará chorar, ou estremecer, ou querer saber, ou rir enquanto a estivermos lendo.

O esforço de encaixar tais histórias em uma teoria realística radical da literatura me parece perverso. Elas não são, em qualquer sentido importante, representações da vida como a conhecemos, e nunca foram valorizadas por o serem. Os acontecimentos estranhos não estão revestidos com probabilidade hipotética para aumentar nosso conhecimento da vida real por apresentar como ela reagiria a esse teste improvável. É o contrário. A probabilidade hipotética é trazida para tornar os acontecimentos estranhos mais perfeitamente imagináveis. Hamlet não é colocado frente a frente com um fantasma para que suas reações possam nos ensinar mais a respeito da sua natureza e, por conseguinte, a respeito da natureza humana em geral; ele é mostrado reagindo naturalmente para que possamos aceitar o fantasma. A exigência que toda literatura deva ter um realismo de conteúdo não pode ser sustentada. Grande parte da grande literatura até o momento produzida no mundo não o tem. Mas há uma exigência bem diferente que podemos fazer de maneira adequada. Não que todos os livros devam ser realistas em conteúdo, mas o tanto desse realismo que pretendam ter.

Parece que esse princípio nem sempre foi entendido. Há pessoas sérias que recomendam que todos façam leituras realistas porque, dizem eles, nos preparam para a vida real, e quem iria, se pudesse, proibir contos de fadas para crianças e romances para adultos, porque "apresentam um quadro falso da vida" — em outras palavras, enganam seus leitores.

Creio que o que já foi dito a respeito da construção egoísta de castelos nos acautela com relação a esse erro. Os que querem ser enganados sempre exigem daquilo que leem pelo menos um realismo superficial e aparente de conteúdo. Com certeza,

Sobre realismos

a demonstração de tal realismo que engana o mero construtor de castelos não enganaria um leitor literário. Se for para ser enganado, seria necessária uma semelhança muito mais sutil e próxima da vida real. Mas, sem algum grau de realismo de conteúdo — um grau proporcional à inteligência do leitor —, não acontecerá nenhum engano. Ninguém o enganará, a não ser que você pense que está dizendo a verdade. O romântico desavergonhado tem muito menos poder para enganar que o realista aparente. Uma fantasia confessa é o tipo preciso de literatura que não engana de jeito nenhum. As crianças não são enganadas por contos de fadas; com frequência e de maneira mais grave, são enganadas por histórias escolares. Adultos não são enganados por ficção científica; podem ser enganados pelas histórias de revistas femininas. Nenhum de nós é enganado pela *Odisseia*, pelo *Kalevala*, por *Beowulf* ou por Malory. O perigo de verdade se espreita em romances de aparência sóbria em que tudo parece ser muito provável, mas nos quais, na verdade, tudo foi planejado para transmitir algum "comentário sobre a vida" de ordem social, ético, religioso ou antirreligioso. Para alguns, pelo menos, esses comentários devem ser falsos. Na verdade, nenhum romance enganará o melhor tipo de leitor. Ele nunca confunde a arte com a vida ou com a filosofia. Enquanto lê, pode entrar no ponto de vista de cada autor sem nem aceitá-lo nem rejeitá-lo, suspendendo, quando necessário, sua descrença e (o que é mais difícil) sua crença. Mas outros não possuem esse poder. Devo adiar uma consideração mais completa do seu erro para o próximo capítulo.

Por fim, o que diremos quanto o estigma do "escapismo"?

Agora há um senso nítido conforme o qual toda e qualquer leitura é uma fuga, pois envolve uma transferência temporária do pensamento sobre o nosso ambiente real para coisas

Um experimento em crítica literária

meramente imaginadas ou pensadas. Isso acontece quando lemos história ou ciência não menos do que quando lemos obras de ficção. Toda fuga é *da* mesma coisa, da realidade imediata e concreta. A questão importante é para *onde* escapamos. Alguns fogem para uma construção egoísta de castelos. E isso em si pode ser ou inofensivo, se não muito proveitoso, revigorante, ou brutal, sensual e megalomaníaco. Outros escapam na direção da mera brincadeira, *divertissements*[32] que podem ser requintadas obras de arte — o *Sonho de uma noite de verão* ou o *Nun's Priest's Tale* [Conto do padre da freira].[33] Outros, mais uma vez, escapam na direção do que chamo de construção desinteressada de castelos que é "conduzida", por, digamos, a *Arcadia*,[34] *The Shepheards Sirena* [A sereia do pastor de ovelhas][35] ou *O conto do velho marinheiro*. E outros fogem para ficções realistas. Pois, como Crabbe[36] apontou em uma passagem[37] não muito citada, um conto sombrio e angustiante pode oferecer uma fuga completa das aflições reais do leitor. Mesmo uma ficção que chama nossa atenção para a "vida", ou "a crise atual", ou "a Época" pode fazer isso. Pois esses, afinal, são construtos, *entia rationis*,[38] e não fatos

---

[32] Diversão, passatempo (em francês no original). [N. T.]
[33] *Nun's Priest's Tale* é um dos *Contos da Cantuária*, de Geoffrey Chaucer, escrito no final do século XIV. [N. T.]
[34] Arcádia refere-se a uma escola de estilo na literatura e na pintura, que idealizava a vida pastoril em detrimento da vida urbana. [N. T.]
[35] *The Shepheards Sirena* é uma obra do poeta árcade inglês Michael Drayton (1563-1631). [N. T.]
[36] George Crabbe (1754-1832), clérigo anglicano e poeta inglês, conhecido por suas narrativas de tom realista. [N. T.]
[37] *Tales*, Preface, para. 16.
[38] A expressão latina *entia rationis* significa "coisas da razão". Foi citada por Baruch Spinoza (1632-1677), filósofo holandês de origem portuguesa. [N. T.]

no mesmo nível do aqui e agora, como minha perturbadora dor abdominal, a corrente de ar nesta sala, a pilha de provas que preciso corrigir, a conta que não estou conseguindo pagar, a carta que não sei como responder e meu amor enlutado ou não correspondido. Quando penso em "a Época", eu me esqueço deles.

Logo, o escape é comum para muitos tipos de leitura, bons e maus. Ao acrescentar o sufixo –*ismo*, sugerimos, penso eu, um hábito confirmado de escapar muitas vezes ou por muito tempo na direção das coisas erradas, ou usar a fuga como um substituto para ação onde a ação é apropriada, e assim negligenciando as oportunidades reais e fugindo das obrigações reais. Sendo assim, devemos julgar cada caso conforme os seus méritos. A fuga não está necessariamente ligada ao escapismo. Os escritores que nos levam para mais longe em regiões impossíveis — Sidney,[39] Spencer[40] e Morris[41] — eram homens ativos e entusiasmados no mundo real. A Renascença e o nosso século XIX, períodos prolíficos em fantasia literária, foram períodos de grande energia.

Como a acusação de escapismo contra uma obra muito irreal é algumas vezes variada ou reforçada com a de infantilidade ou (como agora dizem) "infantilismo", não será demais comentar uma acusação tão ambígua quanto esta. Dois pontos precisam ser assinalados.

Primeiro, a associação entre fantasia (incluindo *Märchen*[42]) e infância, a crença que as crianças são as leitoras apropriadas

---
[39] Philip Sidney (1554-1586), poeta inglês. [N. T.]
[40] Edmund Spenser (1552/3-1599), poeta inglês, cuja obra mais conhecida é *The Faerie Queene* [A rainha das fadas]. [N. T.]
[41] William Morris (1834-1896), poeta e romancista da Era Vitoriana da Inglaterra. [N. T.]
[42] *Märchen é o termo alemão para designar contos de fadas.* [N. T.]

para este tipo de obra ou que esta é uma leitura adequada para crianças, é moderna e local. Grande parte das fantasias e contos de fada não foi produzida para crianças, e sim para todos. O professor Tolkien descreveu o estado real desta questão.[43] Alguns tipos de móveis foram deslocados para o quarto das crianças quando saíram da moda entre os adultos; com os contos de fada aconteceu a mesma coisa. Imaginar qualquer afinidade especial entre a infância e histórias com elementos maravilhosos é como imaginar uma afinidade especial entre a infância e sofás vitorianos. Se hoje poucos com exceção das crianças leem essas histórias, não é porque as crianças têm uma predileção especial por elas, mas porque crianças são indiferentes a modas literárias. O que vemos nas crianças não é um gosto especificamente infantil, mas apenas uma predileção humana normal e perene, que foi atrofiada de maneira temporária nos mais velhos por causa de uma moda. Somos nós, não as crianças, que precisamos explicar nossas predileções. E mesmo dizer isso é muito. Nós devemos, em estrita verdade, dizer que algumas crianças, assim como alguns adultos, gostam desse gênero, e que muitas crianças, assim como muitos adultos, não gostam. Não devemos ser enganados pela prática contemporânea de classificar os livros de acordo com a "faixa etária" a que supomos eles seriam adequados. Esse trabalho é feito por pessoas que não são muito curiosas a respeito da natureza real da literatura, nem estão muito familiarizadas com a sua história. É uma regra de ouro rudimentar, conveniente para professores, bibliotecários e os departamentos de publicidade das editoras. Mesmo assim

---

[43]"On Fairy-Stories", *Essays presented to Charles Williams* (1947), p. 58. Edição brasileira: Tolkien, J. R. R. *Sobre histórias de fadas*. São Paulo: Conrad, 2006. [N. T.]

é muito falível. Instâncias que a contradizem (em ambas as direções) ocorrem diariamente.

Em segundo lugar, se tivermos que usar as palavras *infantil* ou *pueril* em sentido pejorativo, devemos estar certos de que se referem apenas a essas características da infância sem as quais nos tornamos melhores e mais felizes quando as superamos, e não as que qualquer pessoa normal manteria se conseguisse e que alguns são afortunados por manter. No nível corporal, isso é absolutamente óbvio. Ficamos felizes por superar a fraqueza muscular da infância, mas temos inveja dos que conseguem reter a energia, a cabeleira farta, a facilidade para dormir e a capacidade de recuperação rápida que as crianças têm. Mas será que o mesmo é verdadeiro em outro nível? Quanto mais cedo deixamos de ser volúveis, presunçosos, invejosos, cruéis, ignorantes ou facilmente assustáveis como muitas crianças são, melhor para nós e para quem estiver ao nosso redor. Porém, quem em seu perfeito juízo não conservaria, se pudesse, aquela curiosidade incansável, aquela intensidade de imaginação, aquela facilidade de suspender a descrença, aquele apetite intacto, aquela prontidão em maravilhar-se, em ter compaixão, em admirar? O processo de crescer deve ser valorizado pelo que se ganha, não pelo que se perde. Nem adquirir um gosto pelo que é realista é infantil no mau sentido. Perder o gosto pelo maravilhoso e pelas aventuras não é algo a ser elogiado mais do que perder os dentes, o cabelo, o paladar e, por fim, nossas esperanças. Por que ouvimos tanto a respeito dos problemas da imaturidade e tão pouco a respeito dos problemas da senilidade?

Quando acusamos uma obra de ser infantil precisamos, portanto, ser cuidadosos quanto ao que queremos dizer. Se simplesmente quisermos dizer que o gosto pelo que aquela obra supre é algo que aparece cedo na vida, não há então nada contra esse livro. Uma preferência é infantil no mau sentido não porque se inicia cedo, e sim porque, tendo algum defeito intrínseco, deve desaparecer o mais cedo possível. Dizemos que um gosto assim é "infantil" porque é só a infância que pode desculpá-lo, e não porque só na infância pode-se obtê-lo. A indiferença à sujeira e à bagunça é "infantil" porque estas não são atitudes saudáveis e nem convenientes e, portanto, devem ser rapidamente superadas; um gosto por pão e mel, ainda que comum em nossa juventude, não deve ser algo "infantil". Gostar de quadrinhos é desculpável apenas nos muito jovens, porque envolve uma aceitação de desenhos horríveis, uma rudez escassamente humana e uma narrativa rasa. Se for para chamar um gosto pelo maravilhoso de infantil no mesmo sentido, é preciso de igual maneira demonstrar sua qualidade ruim intrínseca. As datas em que nossas diversas características se desenvolvem não são indicadores do seu valor.

Se fossem, aconteceria um resultado muito divertido. Nada é mais próprio da juventude que o desprezo pela mocidade. O menino de oito anos despreza o de seis e se alegra por ser grande; o estudante de ensino médio está muito determinado a não ser criança, e o calouro da universidade está muito determinado a não ser um estudante de ensino médio. Se estivermos determinados a erradicar todos os traços da nossa juventude, sem examinar os seus méritos, poderíamos começar com isto — com o esnobismo cronológico característico da juventude. E o que seria então da crítica literária que atribui tanta importância a ser adulto e produz medo e vergonha com relação a qualquer prazer que possamos compartilhar com os muito jovens?

CAPÍTULO | 8

Sobre a *leitura equivocada*
dos literatos

Precisamos agora retornar ao ponto que deixei em suspenso no capítulo anterior. Temos que considerar uma falha de leitura que perpassa nossa distinção entre os literatos e os não literatos. Alguns dentre os primeiros são culpados, e alguns dentre os últimos, não.

Essencialmente, ela envolve uma confusão entre a vida e a arte, até mesmo uma falha em admitir a mera existência da arte. Sua forma mais grosseira é ridicularizada na velha anedota do matuto na plateia que atirou no "vilão" do palco. Nós também a vemos no tipo mais inferior de leitor, o que quer uma narrativa sensacionalista, embora não a aceite a não ser seja oferecida como "notícia". Em um nível superior, aparece como a crença de que todos os bons livros são bons principalmente porque transmitem conhecimento, ensinam "verdades" a respeito da "vida". Dramaturgos e romancistas são elogiados como se estivessem, em essência, fazendo o que seria esperado de teólogos e filósofos, mas as qualidades que pertencem às obras deles, como inventividade e criatividade, são negligenciadas. São reverenciados como professores e apreciados de maneira insuficiente como artistas. Em resumo: a "literatura de poder" de

De Quincey[1] é tratada como uma subespécie no interior de sua "literatura de conhecimento".

Podemos começar deixando de lado uma maneira de tratar as obras de ficção como fontes de conhecimento, o que, ainda que não seja estritamente literário, é perdoável em certa idade e em geral passageiro. Entre doze e quinze anos, quase todos nós adquirimos, a partir da leitura de romances, junto com muita informação equivocada, um volume considerável de informações a respeito do mundo em que vivemos: sobre a comida, as roupas, os costumes e o clima de vários países, o exercício de várias profissões, sobre os métodos de viagem, os modos, as leis e os mecanismos da política. Não estávamos adquirindo uma filosofia de vida, mas o que é chamado de "cultura geral". Em um caso particular, a ficção pode servir a esse propósito até mesmo a um leitor adulto. Um habitante de terras bárbaras pode apreender nosso princípio de que um homem é inocente até que se prove sua culpa a partir da leitura de histórias detetivescas (nesse sentido, histórias do tipo fornecem excelente evidência de uma verdadeira civilização). Porém, no geral, esse uso da ficção é abandonado à medida que envelhecemos. As curiosidades que costumava satisfazer foram satisfeitas, ou simplesmente morreram, ou, se sobreviveram, buscamos agora informações em fontes mais seguras. É uma razão pela qual temos menos inclinação para começar um novo romance do que tínhamos na nossa juventude.

Tendo deixado de lado esse caso especial, podemos agora retornar ao assunto principal.

É óbvio que alguns dos não literatos confundem arte com um relato da vida real. Como vimos, aqueles cuja leitura é

---

[1] Thomas De Quincey (1785-1859) foi um escritor inglês, autor de vasta obra que cobriu ampla gama de assuntos e interesses. [N. T.]

orientada pela construção egoísta de castelos inevitavelmente farão isso. Querem ser enganados; querem sentir que, ainda que as coisas bonitas nunca tenham de fato lhes ocorrido, poderiam ter acontecido. ("Ele poderia ter se interessado por mim do mesmo modo que o duque se interessou, na história, por aquela funcionária da fábrica.") Porém, de igual maneira, é óbvio que muitos dos não literatos não estão nesse estado de forma alguma — na verdade, estão mais a salvo disso que qualquer outra pessoa. Faça o experimento com o dono da mercearia ou seu jardineiro. Muitas vezes você não vai conseguir realizá-lo com um livro, porque ele leu poucos, mas um filme servirá bem aos nossos propósitos. Se você reclamar com ele a respeito da imensa improbabilidade do seu final feliz, muito provavelmente responderá: "Ah. Acho que só colocaram para terminar assim". Se você reclamar do interesse amoroso entediante e superficial que foi acrescentado a uma história de aventura masculina, ele dirá: "Oh, você sabe, eles geralmente precisam colocar um pouco disso. As mulheres gostam disso". Ele sabe muito bem que o filme é arte, não conhecimento. Em um determinado sentido, sua falta de erudição literária o impede de confundir os dois. Nunca esperou que o filme fosse qualquer outra coisa a não ser um entretenimento passageiro e não muito importante. Nunca imaginou que qualquer arte pudesse proporcionar mais que isso. Ele vai ao cinema não para aprender, mas para relaxar. A ideia de que qualquer uma das suas opiniões a respeito do mundo real poderia ser modificada pelo que ele viu lhe pareceria absurda. Você acha que ele é um tolo? Mude o assunto da conversa de arte para a vida — fofoque, negocie com ele — e descobrirá que ele é tão perspicaz e realista quanto você poderia desejar.

Por outro lado, encontramos o erro, de uma forma sutil e sobretudo insidiosa, entre os literatos. Quando meus alunos falaram comigo a respeito da Tragédia (falaram com bem menos frequência, sem serem forçados, a respeito de tragédias), descobri por vezes uma crença valiosa, digna de ser testemunhada ou lida, principalmente porque comunica algo que é chamado de "visão", "sentido" ou "filosofia" trágicos da "vida".[2] Esse conteúdo é descrito de diversas maneiras, mas parece que sua versão mais amplamente difundida consiste em duas proposições: (1) os grandes sofrimentos são resultantes de uma falha no sofredor que os padece; (2) esses sofrimentos, elevados ao extremo, revelam-nos certo esplendor no homem ou mesmo no universo. Ainda que a angústia seja grande, pelo menos não é sórdida, sem sentido ou apenas deprimente.

Ninguém há de negar que sofrimentos com tal causa e desfecho podem acontecer na vida real. Porém, se a tragédia é entendida como um comentário sobre a vida em tal sentido que se deva concluir daí que "esta é a forma típica, ou comum, ou definitiva do sofrimento humano", ela então se torna um disparate ilusório. Falhas de caráter provocam sofrimento, mas bombas, baionetas, câncer e poliomielite, ditadores e motoristas imprudentes, flutuações no valor do dinheiro ou na empregabilidade e simples coincidências sem sentido provocam muito mais. Tribulações recaem sobre homens equilibrados, bem-ajustados e prudentes tão facilmente quanto sobre qualquer um. Nem os sofrimentos reais terminam com uma cortina que se fecha e um rufar de tambores "com uma mente calma e todas as paixões sossegadas".[3] Os mori-

---

[2] Provavelmente Lewis nesta frase faz alusão ao livro *O sentimento trágico da vida* (em inglês, *The Tragic Sense of Life*) do filósofo existencialista cristão espanhol Miguel de Unamuno, publicado em 1912. [N. T.]
[3] Trecho de *Sansão agonista*, do poeta puritano inglês do século XVII John Milton. [N. T.]

bundos raramente fazem um magnífico último discurso. E nós que os assistimos morrer, acho eu, não nos comportamos como os personagens menores em uma cena trágica de morte. Porque infelizmente a peça não acabou. Nós não temos *exeunt omnes*.[4] A história real não termina: segue ao telefonar para o agente funerário, pagar contas, retirar a certidão de óbito, achar e executar um testamento, responder a mensagens de condolências. Não há grandeza nem finalidade. A tristeza real não termina nem com um estrondo nem com um choramingo. Às vezes, após uma jornada espiritual como a de Dante, descendo até o centro e depois, nível após nível, subindo a montanha da dor aceita, pode-se alcançar a paz — mas uma paz dificilmente menos severa que a própria jornada. Às vezes permanece a vida inteira, uma poça na mente que fica cada vez mais larga, mais rasa e mais doentia. Às vezes simplesmente desaparece, assim como acontece com outros sentimentos. Uma das alternativas tem grandeza, mas não uma grandeza trágica. As outras duas — feias, lentas, sentimentais, não impressionantes — não teriam serventia para um dramaturgo. O tragediógrafo não se atreve a apresentar a totalidade do sofrimento como em geral é, em sua mistura bruta de agonia com pequenez, todas as indignidades e (com exceção da compaixão) o aspecto desinteressante do luto. Isso arruinaria sua peça. Seria algo meramente enfadonho e deprimente. Ele escolhe da realidade só o que sua arte precisa, e o que a arte precisa é o excepcional. Por outro lado, aproximar-se de alguém que está sofrendo de verdade com essas ideias a respeito da grandeza trágica para insinuar que

---

[4] A expressão latina *exeunt omnes* significa "saiam todos". É uma expressão usada no teatro pelo diretor de uma peça para indicar que todos os atores saiam do palco. [N. T.]

ele está assumindo a "mortalha real"[5] seria pior que imbecil: seria detestável.

Próximo de um mundo no qual não há tristezas, gostaríamos de um onde as tristezas seriam sempre significativas e sublimes. Mas se permitirmos que a "visão trágica da vida" nos faça crer que vivemos em tal mundo, seremos enganados. Os nossos próprios olhos nos ensinam melhor. Onde, em toda a natureza, há algo mais feio e mais indigno que o rosto inchado e distorcido de tanto chorar de um homem adulto? E o que está por detrás disso não é muito mais bonito. Não há nem cetro nem mortalha.

Penso que seja inegável que a tragédia, entendida como uma filosofia de vida, é a mais obstinada e mais bem camuflada de todos os desejos realizados, justo porque suas pretensões são tão aparentemente realistas. A alegação é que o pior já passou. A conclusão que, a despeito do pior, alguma sublimidade e algum significado permanecem é, por conseguinte, tão convincente como o testemunho de alguém que parece falar contra sua própria vontade. Porém, a alegação de que o pior já passou — de qualquer maneira, o tipo mais comum de "pior" — em minha opinião é simplesmente falsa.

Não é culpa dos tragediógrafos que essa alegação engane alguns leitores, pois os dramaturgos nunca a fizeram. São os críticos literários que a fazem. Os dramaturgos escolheram para suas histórias temas (com frequência baseadas no mítico e no impossível) adequadas à arte que praticam. Quase por definição, essas histórias seriam atípicas, surpreendentes e, de várias maneiras, adaptadas ao seu propósito. Histórias com um *finale* sublime e satisfatório foram escolhidas não porque

---

[5]Citação de um verso do John Milton. [N. T.]

um *finale* desse seja característico do sofrimento humano, mas porque é necessário a um bom drama.

É provavelmente dessa visão da tragédia que muitos jovens tiram a crença de que ela é essencialmente "mais fiel à vida" do que a comédia. Penso que isso seja totalmente infundado. Cada uma dessas formas retira da vida real os tipos de acontecimentos que precisam. A matéria-prima está ao nosso redor, misturada de alguma maneira. É a escolha, o isolamento e a padronização, não uma filosofia, que faz os dois tipos de peça. Os dois produtos não contradizem um ao outro mais que dois buquês de flores colhidos no mesmo jardim. A contradição vem apenas quando nós (não os dramaturgos) os transformamos em proposições do tipo "a vida humana é assim".

Pode parecer estranho que as mesmas pessoas que pensam que a comédia é menos verdadeira que a tragédia com frequência consideram toda farsa como realista. Já me deparei várias vezes com a opinião de que, ao se virar de *Tróilo*[6] para suas *faibliaux*, Chaucer estava se aproximando da realidade. Penso que isso vem de uma falta de capacidade de distinguir entre realismo de representação e realismo de conteúdo. A farsa de Chaucer é rica em realismo de representação, mas não de conteúdo. Créssida e Alisoun são duas mulheres igualmente verossímeis, porém, o que acontece em *Tróilo* é muito mais provável que o que acontece em "O conto do moleiro". O mundo da farsa[7] dificilmente é menos ideal que o pastoril. É um paraíso de piadas no qual as coincidências

---

[6] Tróilo é um personagem citado na *Ilíada* de Homero. De acordo com a tradição, ele teria tido um romance trágico com a jovem Créssida. A referência no texto é ao poema épico do escritor inglês medieval Geoffrey Chaucer, que reconta a história trágica do jovem casal. [N. T.]
[7] A palavra *farsa* é usada em sentido técnico para designar um tipo de peça teatral cômica da Idade Média. [N. T.]

mais impossíveis são aceitas e tudo acontece para produzir riso. A vida real raramente consegue ser, e nunca permanece por mais de poucos minutos, tão engraçada quanto farsa bem-escrita. Por isso, as pessoas sentem que não podem admitir a comicidade de uma situação real de maneira mais enfática do que ao dizer "isto é tão bom quanto uma peça teatral".

Todas as três formas de arte criam as abstrações que lhes são próprias. As tragédias omitem os golpes desajeitados e aparentemente sem sentido de muitas desgraças reais e a pequenez prosaica que sempre roubam das tristezas verdadeiras sua dignidade. As comédias ignoram a possibilidade de que o casamento entre apaixonados nem sempre conduz a uma felicidade permanente ou perfeita. A farsa exclui a compaixão a seus alvos de chacota em situações nas quais, fossem reais, seriam merecedores dela. Nenhum dos três tipos de arte está fazendo uma declaração a respeito da vida em geral. Todos são elaborações: coisas feitas *a partir* do material da vida real, acréscimos à vida em vez de comentários sobre ela.

Agora eu preciso tomar cuidado para não ser mal interpretado. O grande artista — ou, em todo caso, o grande artista literário — não pode ser um homem superficial em pensamento nem em sentimento. Não importa quão improvável e quão anormal seja a história que escolheu, ela irá, como costumamos dizer, "tornar-se verdadeira" em suas mãos. A vida que ganha estará impregnada com toda a sabedoria, todo o conhecimento e toda a experiência do autor, e mais ainda por algo que posso descrever apenas de maneira vaga como o sabor ou a "impressão" que a vida real tem para ele. É esse sabor ou essa impressão onipresente que faz com que criações ruins sejam tão piegas e angustiantes, e as boas tão revigorantes. As boas nos permitem compartilhar temporariamente de uma espécie de sanidade fervorosa. E podemos também — o que é menos importante — esperar encontrar nelas muitas verdades psicológicas e reflexões profundas, ou pelo menos sentidas de maneira profunda. Mas tudo isso vem a nós, e muito provavelmente saiu do poeta, como o "espírito" (uso aqui a palavra em sentido quase químico) de uma obra de arte, uma peça. Formulá-lo como uma filosofia, ainda que racional, e considerar a peça real como sendo principalmente um veículo para essa filosofia, é um ultraje ao que o poeta criou para nós.

Uso as palavras *coisa* e *feito* de maneira deliberada. Já mencionamos, mas sem resposta, a questão se um poema "não deve significar, mas ser". O que impede o bom leitor de tratar uma tragédia — ele não falará muito a respeito de uma abstração como "Tragédia" — como um mero veículo para a verdade é a sua consciência contínua que ela não apenas significa, mas é. Não se trata simplesmente de *logos*[8] (alguma coisa dita), mas *poiema*[9] (alguma coisa feita). O mesmo é verdadeiro a respeito de um romance ou poema narrativo. São objetos complexos e feitos de maneira cuidadosa. Prestar atenção aos objetos que são é o nosso primeiro passo. Valorizá-los principalmente pelas reflexões que podem sugerir a nós ou pelos aspectos morais que podemos deles extrair é um exemplo flagrante de "usar" em vez "receber".

O que quero dizer por "objetos" não precisa permanecer um mistério. Uma das principais conquistas em toda boa ficção é não ter nada a ver de modo algum com a verdade,

---

[8] A palavra grega *logos* significa "palavra". É traduzida como "verbo" em João 1:1ss. [N. T.]
[9] A palavra grega *poiema* (da qual se origina a palavra "poema") significa "algo produzido, feito". É citada no original grego de Efésios 2:10. [N. T.]

a filosofia ou uma *Weltanschauung*.[10] É o ajuste triunfante de dois tipos de ordem. Por um lado, os acontecimentos (o enredo em si) têm sua ordem cronológica e causal que teriam na vida real. Por outro, todas as cenas ou demais divisões da obra devem estar relacionadas entre si de acordo com os princípios da estrutura, como a textura das tintas em um quadro ou as passagens de uma sinfonia. Nossos sentimentos e nossa imaginação devem ser conduzidos por "um gosto depois do outro, confirmadas com as mudanças mais delicadas". Os contrastes (e também premonições e ecos) entre o mais escuro e o mais claro, o mais rápido e o mais lento, o mais simples e o mais sofisticado, devem ter um tanto de equilíbrio, mas nunca uma simetria perfeita demais, de modo que a forma de toda a obra seja sentida como inevitável e satisfatória. Ainda assim, essa segunda ordem nunca deve se confundir com a primeira. Simples exemplos disso são a transição da "plataforma" para a cena da corte no começo de *Hamlet*, a localização da narrativa de Eneias nos Cantos II e III da *Eneida*, ou o aspecto sombrio dos dois primeiros livros do *Paraíso perdido* que conduz à ascensão no terceiro. Mas há ainda outra exigência. O mínimo possível deve existir só por causa de outras coisas. Cada episódio, explicação, descrição, diálogo — idealmente cada sentença — deve ser agradável e interessante em si mesma. (Um defeito no *Nostromo*, de Conrad, é que temos que ler tanta pseudo-história antes de chegarmos ao assunto principal, o único motivo pelo qual essa história existe).

Alguns desconsiderarão isso como sendo "simples técnica". Com certeza devemos concordar que esses ordenamentos, à

---

[10] A palavra alemã *Weltanschauung* significa "cosmovisão", ou seja, a maneira como se vê o mundo e a vida. [N. T.]

parte daquilo que exigem, são piores que "simples": são um nada, assim como a forma é um nada à parte do próprio objeto ao qual dá forma. Porém, uma "apreciação" da escultura que ignorou a forma da estátua a favor da "visão da vida" do escultor seria um autoengano. É pela forma que ela é uma estátua. Apenas porque é uma estátua é que mencionamos a cosmovisão do escultor em primeiro lugar.

É muito natural que, quando passamos pelos movimentos ordenados que uma grande peça teatral ou narrativa nos provoca — quando dançamos aquela dança ou participamos daquele ritual ou nos submetemos àquele padrão —, isso deve sugerir a nós muitas reflexões interessantes. "Exercitamos a musculatura mental" como resultado dessa atividade. Podemos agradecer a Shakespeare ou a Dante por ela, mas teria sido não atribuir-lhes a paternidade do uso filosófico ou ético que fazemos dela. Por um lado, é improvável que esse uso cresça muito — pode crescer um pouco — acima do nosso nível comum. Muitos dos comentários a respeito da vida que as pessoas extraem de Shakespeare poderiam ter sido aprendidos por talentos bem medíocres sem sua assistência. Por outro, poderia impedir recepções futuras da obra em si. Talvez voltemos a ela principalmente para encontrar maior confirmação da nossa crença de que ensina isso ou aquilo do que uma imersão renovada naquilo que é. Seremos como um homem que acende o fogo não para aquecer a água para o chá ou aquecer o quarto, mas na esperança de ver nele as mesmas imagens que viu no dia anterior. E considerando que o texto é como uma "nada além de luva de pelica" para um determinado crítico — já que tudo pode ser um símbolo, uma ironia ou uma ambuiguidade —, nós facilmente descobriremos o que quisermos. A objeção suprema a isso é o que subjaz contra o uso popular de todas as artes. Estamos tão ocupados fazendo coisas com a obra de arte que damos a ela pouca oportunidade de nos afetar. Então, cada vez mais, só encontramos a nós mesmos.

Mas uma das principais operações da arte é remover nosso olhar daquela face espelhada, salvar-nos dessa solidão. Quando lemos a "literatura do conhecimento", esperamos, como resultado, pensar mais correta e claramente. Ao ler obras imaginativas, essa é minha sugestão, estamos bem menos preocupados em alterar nossas opiniões — ainda que por vezes seja um dos seus efeitos, é claro — do que em entrar completamente nas opiniões, e, portanto, nas atitudes, nos sentimentos e na experiência total de outros homens. Quem, em seu bom senso, tentaria decidir entre as reinvindicações do materialismo e do teísmo ao ler Lucrécio ou Dante? Mas quem em seu senso literário não aprenderia com eles, de maneira encantadora, um bocado sobre como é ser materialista ou teísta?

Na boa leitura não deve haver "problema de crença". Eu li Lucrécio e Dante em uma época na qual eu concordava (em geral) com Lucrécio. Eu os li desde quando passei a concordar (em geral) com Dante. Não acho que isso mudou muito a minha experiência ou a minha avaliação de algum modo de ambos. O verdadeiro amante da literatura deve, de uma maneira, como um examinador honesto, estar preparado para dar a maior nota para a exposição mais eloquente, feliz e bem documentada de pontos de vista dos quais diverge ou até mesmo abomina.

O tipo de leitura equivocada contra o qual estou protestando aqui infelizmente é encorajado pela crescente importância da "Literatura Inglesa" como disciplina acadêmica. Isso faz com que muitas pessoas capacitadas, brilhantes e diligentes a estudem, mas sem quaisquer interesses literatos. Forçados a falar incessantemente sobre livros, o que poderão eles fazer a não ser fazer dos livros os temas das suas conversas? Daí que a literatura se torna para eles uma religião, uma filosofia, uma escola de ética, uma psicoterapia, uma sociologia — qualquer coisa, menos uma coleção de obras de arte. Obras mais leves — *divertissements* — ou são desprezadas, ou apresentadas de maneira equivocada como sendo muito mais sérias do que parecem. Porém, para quem ama a literatura de verdade, uma *divertisse* escrita de maneira requintada é algo muito mais respeitável que algumas das "filosofias de vida" que são impostas aos grandes poetas. Para começar, é algo muito difícil de fazer.

Isso não quer dizer que todos os críticos que extraem uma filosofia de seus novelistas ou poetas favoritos realizam um trabalho sem valor: cada um deles atribui ao seu autor preferido o que acredita ser sabedoria; e aquilo que a ele parece sábio será, é claro, determinado pelo seu próprio calibre. Se o crítico for um tolo, irá descobrir e admirar a tolice; se for medíocre, irá encontrar e admirar apenas a mediocridade, platitude, naquilo que admira. Porém, se for um pensador profundo, o que elogia e expõe como sendo a filosofia do seu autor pode bem ser algo que vale a pena ler, mesmo que seja na verdade algo seu. Podemos compará-lo à longa sucessão de teólogos que basearam seus sermões edificantes e eloquentes em alguns de seus textos. O sermão propriamente, ainda que com uma exegese[11] ruim, muitas vezes era uma boa homilética[12] em si mesma.

---

[11] Exegese é o termo técnico que designa o ato de extrair de um texto bíblico seu sentido. Em geral, pressupõe uma leitura do texto em sua língua original, o hebraico, no caso do Antigo, e o grego, no caso do Novo Testamento. [N. T.]

[12] Homilética é o termo técnico que designa a preparação e a prática de sermões nos cultos cristãos. [N. T.]

CAPÍTULO 9

Levantamento

É conveniente agora resumir da seguinte maneira a posição que estou tentando desenvolver:

1. Uma obra de (qualquer) arte pode ser "recebida" ou "usada". Quando a "recebemos", exercitamos nossos sentidos e nossa imaginação, além de vários outros poderes de acordo com um padrão criado pelo artista. Quando a "usamos", nós a tratamos como um auxílio para nossas atividades. Um, para usar uma imagem antiga, é como ser levado para um passeio de bicicleta por alguém que pode conhecer estradas que ainda não exploramos. O outro é como instalar um motorzinho na nossa bicicleta e depois sair por um dos nossos trajetos familiares. Esses passeios podem ser em si mesmos bons, ruins ou indiferentes. Os "usos" que os muitos fazem das artes podem ser ou não intrinsecamente vulgares, depravados ou mórbidos. Seja como for. "Usar" é algo inferior a "receber", porque a arte, se usada em vez de recebida, só facilita, abrilhanta, alivia ou suaviza a nossa vida, e nada acrescenta a ela.
2. Quando a arte em questão é a literatura, surge uma complicação, porque "receber" palavras com significado

sempre é, de alguma maneira, "usá-las", ir através e além delas para um algo imaginário que não é verbal em si mesmo. A distinção, nesse caso, assume uma forma diferente. Vamos chamar esse conteúdo de "coisa imaginada". O "usuário" quer usá-lo como um passatempo para uma hora enfadonha ou torturante, como um quebra-cabeça, como um auxílio para construir um castelo ou talvez como fonte para uma "filosofia de vida". O "recebedor" quer permanecer nisso. Para ele, pelo menos temporariamente, é um fim. Pode ser comparado (em sentido superior) com a experiência de contemplação religiosa ou (em sentido inferior) com um jogo.

3. Porém, de modo paradoxal, o "usuário" nunca faz um uso pleno das palavras e, de fato, prefere aquelas das quais uso nenhum poderia ser feito. Uma apreensão muito bruta e rápida do conteúdo é o suficiente para os propósitos do "usuário", porque quer apenas usá-las para sua necessidade atual. Quaisquer palavras que convidem a uma apreensão mais exata são por ele ignoradas; seja qual for sua demanda, é um obstáculo. Para ele, as palavras são apenas indicadores ou placas de sinalização. Na boa leitura de um livro, por outro lado, ainda que as palavras com certeza apontem, fazem algo para o qual "apontar" é uma descrição muito grosseira. Elas são compulsões detalhadas de maneira sofisticada em uma mente desejosa e capaz de ser assim compelida. Por isso que falar de "mágica" ou "evocação" em conexão a um estilo literário é usar uma metáfora que não é meramente emotiva, mas extremamente adequada. Por isso que, mais uma vez, somos levados a falar da "cor", do "sabor", da "textura", do "aroma" ou da "raça" das palavras. Por isso que a abstração inevitável de conteúdo e de palavras parece cometer violência contra

a literatura de alto nível. Palavras, queremos declarar, são mais que o revestimento, mais até mesmo que a encarnação, do conteúdo. E é verdade. Da mesma forma, tente separar a forma e a cor de uma laranja. Mesmo assim, por alguns propósitos, devemos separá-las em pensamento.

4. Como as boas palavras podem assim nos impelir, guiando-nos até cada cantinho da mente do personagem, ou tornar o Inferno de Dante palpável e individual ou o olhar dos deuses sobre uma ilha em Píndaro,[1] a boa leitura é sempre auditiva assim como visual. Porque o som não é apenas um prazer adicionado, ainda que possa ser um prazer também, ele também é parte do estímulo; nesse sentido, é parte do significado. Isso é verdade até para um bom e fluente texto em prosa. O que nos mantém felizes quando lemos um prefácio de George Bernard Shaw,[2] a despeito de muita superficialidade e fanfarronice, é a confiança viva, envolvente e alegre, e isso nos alcança, sobretudo, por meio do ritmo. O que torna Gibbon tão empolgante é o senso de triunfo, ou a forma como se comanda e contempla as tantas misérias e grandezas da tranquilidade olimpiana. São os períodos que fazem isso. Cada um é como um grande viaduto no qual passamos, de maneira suave e a uma velocidade inalterada, através de vales sorridentes ou deploráveis.

5. Aquilo que delineia a má leitura pode entrar como um ingrediente na boa leitura. Entusiasmo e curiosidade obviamente o fazem. Assim como felicidade indireta; não que bons leitores alguma vez leem por causa disso, mas quando ocorre de forma legítima em uma ficção, eles

---

[1] Fragm. 87 + 88 (58).
[2] George Bernard Shaw (1856-1950), escritor irlandês, famoso por seus aforismos contundentemente irônicos. [N. T.]

são incorporados por ela. Porém, quando se exige um final feliz, não será por essa razão, mas porque de várias maneiras parece exigido pela própria obra. (Mortes e desastres podem ser tão evidentemente "forjados" e dissonantes quanto os sinos de um casamento). Uma construção egoísta de castelos não sobreviverá por muito tempo no leitor certo. Mas suspeito que, em especial na juventude, ou em outros períodos infelizes, poderá levá-lo a um livro. Há quem diga que a atração exercida por Trollope ou até mesmo por Jane Austen em muitos leitores é o perambular imaginativo a uma idade em que sua classe, ou a classe com a qual se identificam, era mais segura e feliz que agora. Talvez o mesmo ocorra também com Henry James. Em alguns de seus livros, os protagonistas vivem uma vida que para muitos de nós é tão impossível como a das fadas ou das borboletas; livre de religião, de trabalho, de preocupações econômicas, de exigências familiares e de compromissos sociais. Mas só pode ser uma atração inicial. Ninguém que deseje principalmente ou mesmo de maneira muito forte uma construção egoísta de castelos perseverará muito tempo com James, Jane Austen ou Trollope.

Ao caracterizar os dois tipos de leitura, eu evitei deliberadamente a palavra "entretenimento". Ainda que reforçada pelo adjetivo *mero*, é muito equivocada. Se entretenimento significa um prazer leve e agradável, penso então que é exatamente isso que devemos extrair de algumas obras literárias — digamos, de uma trivialidade de um de Prior ou Martial. Se nos referirmos àqueles elementos que "prendem" o leitor de livros populares — suspense, emoção e coisas parecidas —, então eu diria que todo livro deve ser entretenimento. Um bom livro será mais, não deve ser menos. Entretenimento, nesse sentido, é como uma prova na faculdade. Se uma ficção não puder apresentar nem isso, poderemos ser dispensados de investigar suas qualidades superiores. Entretanto o que "prende" um leitor não prenderá outro. Onde o leitor inteligente prende a respiração, o inferior reclamará que nada está acontecendo. Porém, espero que a denominação geral (em tom depreciativo) "entretenimento" encontre um lugar entre as minhas classificações.

Evitei também descrever o tipo de leitura que aprovo como sendo "leitura crítica". A expressão, se não for usada de maneira elíptica, me parece profundamente enganosa. Afirmei em um capítulo anterior que podemos julgar qualquer sentença, ou mesmo qualquer palavra, apenas pelo efeito que consegue ou não exercer. O efeito deve preceder o julgamento sobre o efeito. O mesmo é verdadeiro quanto à obra como um todo. Idealmente, devemos recebê-la primeiro, depois avaliá-la. Se não for assim, não teremos nada para avaliar. Infelizmente esse ideal é cada vez menos praticado quanto mais exercemos uma profissão literária ou vivemos em círculos literários. Ocorre, de maneira magnífica, em leitores jovens. Quando leem uma grande obra pela primeira vez, ficam "surpreendidos". Criticá-la? Por Deus, não, e sim pôr-se a ler outra vez. A avaliação "esta deve ser uma grande obra" pode ser adiada por um bom tempo. Porém, mais tarde na vida, dificilmente deixaremos de avaliar à medida que prosseguimos. Torna-se um hábito. Assim, fracassamos em conseguir aquele silêncio interior, aquele esvaziamento de nós mesmos pelo qual devemos criar espaço para a recepção total de uma obra. O fracasso será muito agravado se, enquanto lermos, soubermos que temos a obrigação de expressar uma avaliação, tal quando lemos um livro para resenhá-lo ou o manuscrito de algum amigo para lhe dar sugestões. Aí o lápis começa a trabalhar nas margens do texto, e frases de censura ou aprovação começam a se formar em nossa mente. Toda essa atividade impede a recepção.

Por essa razão, tenho muitas dúvidas se a crítica é um exercício apropriado para rapazes e moças. A reação mais comum de um estudante inteligente ao que lê se expressa pela paródia ou pela imitação. A condição necessária para toda boa leitura é "tirarmos nós mesmos do caminho"; não ajudamos os jovens a fazer isso forçando-os a continuar expressando opiniões. Especialmente venenoso é o tipo de ensino que os encoraja a se aproximar de cada obra literária com suspeita. Isso surge de um motivo muito razoável. Em um mundo cheio de sofismo e propaganda, queremos evitar que a nova geração seja enganada, queremos preveni-los em relação aos falsos sentimentos e pensamentos confusos que as palavras impressas com frequência lhes oferecerão. Por infelicidade, o mesmo hábito que os torna tão insensíveis à má escrita poderá torná-los insensíveis também à boa. O "matuto" esperto demais que chega à cidade depois de ser advertido de que os malandros poderiam enganá-lo nem sempre se sai bem; de fato, depois de rejeitar amizades genuínas, perder muitas oportunidades reais, fazer muitos inimigos, provavelmente será vítima de algum malandro que elogiará sua "perspicácia". Aqui é a mesma coisa. Nenhuma poesia entregará seu segredo a um leitor que a lê considerando o poeta como um enganador em potencial e que esteja determinado a não se deixar levar. Precisamos nos arriscar a sermos levados, se for para conseguir alguma coisa. A melhor defesa contra a má literatura é uma experiência plena com a boa literatura, do mesmo modo como uma convivência afetiva com pessoas honestas proporciona a melhor proteção contra malandros que uma habitual desconfiança de todo mundo.

Com certeza, rapazes não revelam o efeito incapacitante de tal treinamento ao condenar todos os poemas que os seus mestres colocam diante deles. Uma mistura de imagens que resiste à lógica e à imaginação visual deve ser louvada se a encontrarem em Shakespeare e "exposta" de maneira triunfante se a encontrarem em Shelley. Mas porque sabem o que é esperado deles. Sabem, em um bocado de outros terrenos, que Shakespeare deve ser louvado e Shelley, condenado. Acertam a resposta não porque seu método os levou a isso, mas porque o sabiam de antemão. Às vezes, quando não o sabem, uma resposta reveladora pode dar ao professor fortes dúvidas sobre o próprio método.

CAPÍTULO 10

Poesia

Mas não teria eu cometido uma omissão chocante? Poetas e poemas foram mencionados, porém, ainda não disse uma palavra a respeito da poesia enquanto tal.

Notem, contudo, que quase todas as questões que discutimos teriam sido consideradas por Aristóteles, Horácio, Tasso, Sidney e talvez Boileau como questões que, caso fossem levantadas, deveriam se colocar de maneira apropriada em um tratado "Sobre a poesia".

Lembramos também que estamos preocupados com modos de leitura literários e não literários. E infelizmente esse tópico pode ser tratado em sua totalidade sem mencionar a poesia, pois o leitor não literário dificilmente sequer a lê. Alguns poucos, aqui, ali e acolá, em geral mulheres e, em sua maior parte, mulheres idosas, que podem nos envergonhar repetindo versos de Ella Wheeler Wilcox ou de Patience Strong. A poesia de que gostam é sempre judiciosa e, assim, muito literalmente, um comentário sobre a vida. Elas a usam como suas avós teriam usado provérbios ou textos bíblicos. Seus sentimentos não estão comprometidos; sua imaginação, creio eu, de jeito nenhum. É o pequeno filete ou poça d'água que foi deixado no leito seco do rio onde baladas, canções de ninar e jingles proverbiais um dia fluíram. Mas é agora algo tão minúsculo que dificilmente merecerá menção em um livro desta escala. Em geral, o leitor não literato não lê poesia. Um número crescente daqueles que em outros sentidos são literatos não lê poesia. E a poesia moderna é lida por aqueles poucos que não são poetas, críticos literários profissionais ou professores de literatura.

Esses fatos têm um significado comum. As artes, enquanto se desenvolvem, crescem em direções diferentes. Houve um tempo em que a música, a poesia e a dança eram todas partes de um único *dromenon*. Cada uma delas se tornou o que de fato é ao se separar das demais, o que envolveu grandes perdas e grandes ganhos. A mesma coisa aconteceu com a arte singular da literatura. A poesia se diferenciou mais e mais da prosa.

Isso soa paradoxal se pensarmos principalmente em termos de dicção.[1] Desde o tempo de Wordsworth, o vocabulário e a sintaxe especiais que os poetas podiam usar têm sido sujeitos a ataques, e hoje em dia estão banidos por completo. Nesse sentido, pode-se dizer que a poesia está mais próxima da prosa do que jamais esteve. Mas a aproximação é superficial, e a próxima onda de modismo que surgir poderá mandá-la pelos ares. Ainda que os poetas modernos não façam como Pope[2] e não usem palavras bem antigas, tampouco chamem uma moça de *ninfa*, as produções deles têm muito menos em comum com qualquer obra em prosa que a poesia de Pope tinha. A história de *O roubo da trança* com sílfides e

---

[1] Em teoria literária, dicção significa a escolha das palavras feita pelo escritor. Essa escolha irá influenciar a reação e a experiência estética que o leitor terá com o texto. [N. T.]

[2] Alexander Pope (1688-1744), um dos principais poetas ingleses de todos os tempos. [N. T.]

tudo mais poderia ser contada, ainda que de maneira não tão efetiva, em prosa. A *Odisseia* e a *Divina comédia* têm algo a dizer que poderia ser bem dito, ainda que não tão bem, sem versos. Muitas das qualidades que Aristóteles exige de uma tragédia podem acontecer em uma peça em prosa. A poesia e a prosa, conquanto diferentes na linguagem, sobrepõem-se, quase coincidem, em conteúdo. A poesia moderna, por sua vez, se ela "diz" alguma coisa, e se aspira "significar" e também "ser", diz aquilo que a prosa não poderia dizer de jeito nenhum. Ler a poesia antiga envolve aprender uma língua ligeiramente diferente; ler a nova envolve uma desconstrução, o abandonar de todas as conexões narrativas e lógicas que usamos ao ler textos em prosa ou ao conversar. É necessária uma condição quase que de transe em que imagens, associações de ideias e sons trabalhem sem elas. Dessa maneira, a base comum entre a poesia e qualquer outra forma de palavras é reduzida a quase zero. Nesse sentido, a poesia é agora mais essencialmente poética que antes, "mais pura" no sentido negativo. Não apenas faz (como toda boa poesia) o que a prosa não pode fazer: a poesia deliberadamente se abstém de fazer qualquer coisa que a prosa possa fazer.

De modo desafortunado, mas inevitável, esse processo é acompanhado por uma diminuição contínua no número de seus leitores. Alguns culparam os poetas por isso, e outros culparam o povo. Não tenho certeza se é necessário culpar alguém. Quanto mais qualquer instrumento for refinado e apcrfciçoado para alguma função específica, menor será o número daqueles que terão a habilidade de utilizá-los. Muitos usam facas comuns, e poucos usam bisturis. O bisturi é melhor para uma cirurgia, mas não para qualquer outra coisa. A poesia se limita mais e mais ao que apenas a poesia pode fazer, embora isso acabe sendo algo que poucas pessoas querem que seja feito. E evidentemente nem poderiam recebê-la se o fizessem. A poesia moderna é muito difícil para elas. Reclamar é inútil; uma poesia tão pura quanto essa deve ser difícil. Mas nem os poetas devem reclamar se não são lidos. Quando a arte de ler poesia exige talentos menos exaltados que a arte de escrevê-la, os leitores não podem ser muito mais numerosos que os poetas. Se você escreve uma peça para o violino que apenas um a cada cem violinistas pode executar, não deve esperar que ela seja executada com frequência. A analogia musical não é mais uma analogia distante. A poesia moderna é tal que apenas os *cognoscenti* que a explicam podem ler a mesma peça de maneiras totalmente diferentes. Não podemos mais presumir uma das leituras, ou todas, seja "errada". O poema é como uma partitura e as leituras, como performances. Diferentes interpretações são admissíveis. A questão não é qual é a "certa", mas qual é melhor. Os intérpretes são mais condutores de uma orquestra que membros de uma plateia.

A esperança que esse estado de coisas seja temporário permanece viva. Alguns, que não gostam da poesia moderna, esperam que ela logo desapareça, asfixiada no vácuo de sua própria pureza, e dê lugar à poesia que irá se sobrepor em grande medida às paixões e aos interesses dos quais os leigos são conscientes. Outros, que a "cultura" faça com que os leigos se "elevem" até que a poesia, como é agora, possa mais uma vez ter um público razoavelmente amplo. Eu mesmo estou assombrado por uma terceira possibilidade.

As antigas cidades-estado desenvolveram, sob o estímulo da necessidade prática, uma grande habilidade em discursar de maneira audível e persuasiva para grandes assembleias ao ar livre. Chamavam isso de retórica. A retórica tornou-se parte da sua educação. Alguns séculos depois, as condições

Poesia

mudaram, e os usos dessa arte desapareceram. Mas seu *status* como parte de um currículo educacional permaneceu. Permaneceu por mais de mil anos. Não é de todo impossível que a poesia, tal como os modernos a praticam, tenha um destino semelhante. A explicação da poesia já está bem entrincheirada como exercício escolar e acadêmico. A intenção de mantê-la onde ela está e fazer da proficiência nela uma qualificação indispensável para empregos burocráticos e, dessa maneira, assegurar aos poetas e seus intérpretes uma grande e permanente (porque cativa) audiência é explícita.[3] Talvez possa dar certo. Sem voltar a fazer mais sentido como agora aos "negócios e sentimentos" de muitos homens, a poesia pode, dessa forma, reinar por mil anos, providenciando material para a explicação que professores irão elogiar como uma disciplina incomparável, e os alunos irão aceitar como um necessário *moyen de parvenir*.[4]

Mas isso é especulação. Por enquanto, a área da poesia no mapa da leitura se encolheu de um grande império para uma província minúscula — uma província que, quanto menor fica, mais e mais enfatiza sua diferença de todos os demais lugares, até que por fim essa combinação de tamanho exíguo e peculiaridade local sugerirá não uma província, mas uma "reserva". Não *simpliciter*,[5] mas pelo propósito de certas generalizações geográficas amplas, tal região é negligenciável.

---

[3] Ver J. W. Saunders, "Poetry in the Managerial Age", *Essays in Criticism*, IV, 3 (julho de 1954).
[4] A expressão francesa *moyen de parvenir* significa "modo de alcançar (alguma coisa)". [N. T.]
[5] O significado literal da expressão latina *simpliciter* é "simplesmente". É usada em contextos de uma votação, por exemplo, em que uma proposta vencedora ganha *simpliciter*, isto é, maioria simples, não maioria absoluta nem por unanimidade. [N. T.]

Um experimento em crítica literária

Dentro dela não podemos estudar a diferença entre leitores literatos e os não literatos, pois lá não há leitores não literatos.

Não obstante, já vimos que os literatos algumas vezes caem no que chamo de maus modos de leitura, e mesmo esses modos algumas vezes são formas ainda mais sutis dos mesmos erros que os não literatos cometem. Podem cometê-los quando leem poemas.

Os literatos às vezes "usam" a poesia em vez de "recebê-la". Eles se diferenciam dos não literatos porque sabem muito bem o que estão fazendo e estão preparados para defender o seu ponto de vista. "Por que", perguntam eles, "deveríamos mudar de uma experiência real e presente — o que o poema significa para mim, o que acontece comigo quando o leio — para perguntas a respeito da intenção ou das reconstruções do poeta, sempre incertas, quanto ao que ele queria dizer aos seus contemporâneos?" Parece que há duas respostas. Uma é que o poema sobre o qual penso, que eu faço a partir da minha tradução errada de Chaucer ou dos mal-entendidos de Donne, pode possivelmente não ser tão bom quanto a obra de Chaucer ou Donne. Em segundo lugar, por que não ter os dois? Depois de desfrutar o que eu fiz dela, por que não voltar ao texto, examinando desta vez as palavras difíceis, desvendando as alusões e descobrindo que alguns prazeres métricos na minha primeira experiência aconteceram devido às minhas felizes pronúncias erradas, e ver se posso desfrutar do poema do poeta não necessariamente no lugar de, mas em acréscimo ao meu próprio? Se sou um homem talentoso e não inibido por falsa modéstia, posso considerar o meu poema como sendo o melhor dos dois. Mas eu não o saberia sem conhecer os dois. Em geral, vale a pena reter ambos. Todos nós não continuamos a apreciar os efeitos que algumas passagens em poetas clássicos ou estrangeiros produziam em nós mesmo quando mal os compreendíamos? Agora sabemos mais. Desfrutamos de algo, e confiamos nisso, mais no que Virgílio ou Ronsard[6] pretenderam nos dar. Isso não elimina nem mancha a beleza antiga. Antes, é como revisitar um lugar bonito que conhecemos na infância. Apreciamos a paisagem com um olhar adulto. Também revivemos os prazeres — com frequência, muito diferentes — que aquela cena produziu em nós quando éramos crianças pequenas.

Com toda certeza nós nunca poderemos desistir por completo daquilo que somos. Seja o que for que fizermos, algo que é próprio do nosso ser e da nossa idade permanecerá em nossa experiência com todo e qualquer tipo de literatura. De igual maneira, eu jamais poderei ver qualquer coisa do exato ponto de vista daqueles a quem melhor conheço e mais amo. Mas posso pelo menos ter algum progresso nessa direção. Posso, pelo menos, eliminar as ilusões grosseiras de perspectiva. A literatura me ajuda a fazer isso com pessoas reais, e pessoas reais me ajudam a fazer isso com a literatura. Se eu não puder sair da masmorra, pelo menos posso olhar através da grade. Melhor isso que afundar na palha, no canto mais escuro.

Todavia, pode haver poemas (poemas modernos) que realmente exigem o tipo de leitura que estou condenando. As palavras talvez nunca quisessem ser outra coisa a não ser matéria-prima para seja lá o que a sensibilidade dos leitores possa fazer delas, e não havia intenção que a experiência de um leitor tivesse algo em comum com a experiência de outro ou com a experiência do poeta. Se for assim, então não há dúvida de que esse tipo de leitura seria apropriado para eles.

---

[6] Pierre de Ronsard (1524-1585), poeta francês, conhecido ainda em vida como "príncipe dos poetas". [N. T.]

Um experimento em crítica literária

É uma pena se um quadro envidraçado é colocado de modo tal que você só consegue ver nele o seu próprio reflexo; não é uma pena quando um espelho é posicionado desse jeito.

Consideramos que os leitores não literatos erram quando leem sem prestar a devida atenção às palavras. Essa falha, como um todo, nunca acontece quando os literatos leem poesia. Eles prestam muita atenção às palavras de várias maneiras. Mas já vi algumas vezes que o aspecto auditivo deles não é completamente desenvolvido. Não penso que seja negligenciado por desatenção. Antes, é ignorado de maneira deliberada. Ouvi um membro da Faculdade de Literatura Inglesa em uma universidade dizer em público: "Qualquer coisa é importante na poesia, menos a sonoridade". Talvez tenha sido só uma brincadeira dele. Porém, também já descobri como professor que um número surpreendente de alunos de cursos avançados, que por certo em outros aspectos são literatos, revelando, por meio de citações erradas, um total desconhecimento de métrica.

Como chegamos a uma situação chocante como essa? Ofereço, como palpite, duas causas possíveis. Em algumas escolas, crianças são ensinadas a escrever a poesia que aprenderam por repetição, não de acordo com os versos poéticos, mas em "unidades de fala". O objetivo é curá-las do que é chamado de "cantilena". Isso parece ser uma política muito míope. Se essas crianças vão tornar-se amantes de poesia quando crescerem, a ladainha irá curar a si mesma no tempo certo, e se não se tornarem, não importa. Na infância, a ladainha não é um defeito. É simplesmente a primeira forma de sensibilidade rítmica. Apesar de rude em si, é um sintoma bom, não ruim. Essa regularidade metronômica,[7] esse

---

[7] A palavra *metronômica* refere-se ao metrônomo, aparelho que mede os pulsos sonoros regulares de uma peça musical. [N. T.]

Poesia

balanço de todo o corpo pela métrica como simples métrica é a base que torna possível todas as variações e sutilezas posteriores. Pois não há variações, exceto para aqueles que sabem o que é uma norma, e não há sutilezas para aqueles que não apreenderam o óbvio. De novo, é possível que aqueles que hoje são jovens tenham se deparado com o *vers libre*[8] muito cedo em sua vida. Quando isso é a poesia real, seus efeitos auditivos são de extrema delicadeza, e exigem, para que sejam apreciados, ouvidos muito treinados em métrica poética. Os que pensam que podem receber poesia de *vers libre* sem um conhecimento da métrica, creio, enganam-se, e estão tentando correr antes que possam caminhar. Mas na corrida literal os tombos machucam, e o aspirante a corredor descobre seu próprio erro. Não acontece assim com os autoenganos de um leitor. Enquanto tomba, ainda pode acreditar que está correndo. Como resultado, pode ser que ele nunca aprenda a caminhar e, por conseguinte, jamais venha a correr.

---

[8] A expressão francesa *vers libre* significa "verso livre" e é usada para designar a poesia cujos versos não seguem nenhuma métrica. [N. T.]

CAPÍTULO 11

O experimento

O aparato que meu experimento exige já está reunido, e agora podemos começar a trabalhar. Normalmente nós julgamos o gosto literário das pessoas pelas coisas que elas leem. A questão era se havia alguma vantagem em inverter o processo e julgar a literatura pela maneira que os homens a leem. Se tudo correu de maneira ideal, devemos terminar definindo a boa literatura como aquilo que permite, convida ou até mesmo compele a boa leitura, e como sendo má a que faz o mesmo para a má leitura. Essa é uma simplificação ideal, e teremos que nos dar por satisfeitos com algo menos elaborado. Entretanto, por enquanto, quero levar em conta a possível utilidade dessa inversão.

Em primeiro lugar, ela fixa nossa atenção no ato de leitura. Qualquer que seja o valor da literatura, só será real quando e onde bons leitores leiam. Livros em uma estante são literatura apenas em potencial. O gosto literário é só uma potencialidade quando não estamos lendo. Nenhuma das potencialidades é chamada à ação, exceto nessa experiência transitória. Se a erudição e a crítica literária são consideradas atividades auxiliares à literatura, então a única função delas é multiplicar, prolongar e proteger experiências de boa leitura. O que precisamos é de um sistema que nos tire da abstração ao focar na literatura em operação.

Em segundo lugar, o sistema proposto firma nossos pés em terreno sólido, enquanto o convencional os coloca em areia movediça. Você descobre que eu gosto de Lamb.[1] Tendo certeza que Lamb é ruim, você afirma que meu gosto é ruim. Mas a sua opinião quanto a Lamb ou é uma reação pessoal isolada, assim como a minha, ou talvez é baseada na opinião prevalecente no mundo literário. No caso da primeira possibilidade, sua condenação ao meu gosto é insolente; apenas as boas maneiras me impedem de um *tu quoque*.[2] Mas se tira sua opinião da "prevalecente", quanto tempo você acha que ela predominará? Você sabe que Lamb não seria uma acusação contra mim cinquenta anos atrás. Você sabe que Tennyson[3] teria sido uma acusação ainda maior em 1930 do que é agora: destronamentos e restaurações são acontecimentos quase mensais. Você não pode confiar que qualquer um seja permanente. Pope veio, saiu, voltou outra vez. Milton, que foi enforcado, puxado e esquartejado por dois ou três críticos influentes — e todos os discípulos deles disseram "amém" — parece ter revivido. A obra de Kipling,[4] que já esteve em alta, caiu para o fundo do mercado, e agora parece que há sinais de uma tímida recuperação. Nesse sentido, "gosto"

---

[1] Charles Lamb (1775-1834), poeta e escritor inglês. [N. T.]
[2] A expressão latina *tu quoque* significa "até tu". É usada para expressar quebra de confiança em um relacionamento. A expressão *tu quoque* é derivada de *Tu quoque Brutus filie mi* — "Até tu, meu filho Brutus", expressão que William Shakespeare coloca na boca do César agonizante em sua peça *Júlio César*. [N. T.]
[3] Alfred Tennyson (1809-1892), poeta inglês. [N. T.]
[4] Rudyard Kipling (1865-1936), jornalista e escritor britânico, autor da famosa obra *O livro da selva*, que conta a história de Mogli, o menino indiano criado por lobos. [N. T.]

é principalmente um fenômeno cronológico. Diga-me a data de seu nascimento, e eu poderei dar um palpite sagaz quanto a você gostar de Hopkins[5] ou Housman,[6] Hardy[7] ou Lawrence. Diga-me uma pessoa que desprezava Pope e admirava Ossian,[8] e eu vou dar um palpite sobre sua *floruit*.[9] Tudo o que você poderá de fato dizer a respeito do meu gosto é que é antiquado, e o seu logo será também.

Mas imagine que você tenha tomado um caminho diferente para trabalhar. Imagine que tenha me dado corda o suficiente para eu me enforcar. Você me encorajou a falar a respeito de Lamb e descobriu que eu ignorava algumas coisas a respeito dele, que estava lendo coisas que ele não escreveu e que, na verdade, raramente li o que elogiei tanto, e ainda que os termos que usei para elogiá-lo revelavam como ele era para mim um mero estímulo para meus devaneios melancólicos e caprichosos. E imagine então que você aplicou os mesmos métodos de detecção a outros admiradores de Lamb, e vez após outra chegou ao mesmo resultado. Se você tivesse feito isso, ainda que nunca chegasse a uma certeza matemática, teria base sólida para ter uma convicção cada vez mais firme de que Lamb era um mau escritor. Poderia argumentar:

---

[5] Gerard Manley Hopkins (1844-1889), poeta inglês da Era Vitoriana. [N. T.]
[6] A. E. Housman (1859-1936), poeta inglês, conhecido como estudioso das culturas clássicas grega e latina. [N. T.]
[7] Thomas Hardy (1840-1928), romancista inglês da Era Vitoriana. [N.T].
[8] Ossian é o nome de um suposto narrador de poemas publicados pelo poeta escocês James MacPherson no século XVIII. MacPherson alegou que o material que publicou era uma tradução da língua gaélica para o inglês, extraído de fontes antigas, mas alguns críticos literários dizem que ele mesmo teria sido o autor daquelas poesias. [N. T.]
[9] Expressão francesa que significa período em que uma pessoa nasceu e morreu; época em que viveu. [N. T.]

"Considerando que todos que gostam de Lamb o fazem aplicando a ele o pior tipo de leitura, provavelmente Lamb é um mau escritor". Observar como as pessoas leem é uma base forte para avaliar o que eles leram, mas julgamentos do que leram é uma base frágil, e mesmo passageira, para avaliar seu modo de leitura. É assim porque a avaliação aceitável de obras literárias varia a cada mudança na moda, mas a distinção entre modos de leitura atenta e desatenta, obediente e voluntária, desinteressante e egoísta é permanente. Se for válida, é válida em todo lugar e sempre.

Em terceiro lugar, isso faria da condenação crítica uma tarefa trabalhosa, e eu considero que seja uma vantagem. Hoje é fácil demais.

Qualquer que seja o método que utilizarmos, quando avaliamos os livros pelos leitores ou vice-versa, sempre estabelecemos uma distinção dupla. Primeiro, separamos as ovelhas das cabras, e depois as melhores ovelhas das piores. Colocamos alguns leitores ou livros fora do cercado, e depois distribuímos elogios ou críticas aos que estão dentro. Assim, se começamos com livros, traçamos uma linha entre simples "lixo comercial", suspense, pornografia, historietas de revistas femininas etc., e o que pode ser chamado de literatura "requintada", "adulta", "real" ou "séria". Mas depois vamos chamar alguns desses últimos de boa literatura e alguns de má. Por exemplo, a crítica literária moderna mais aprovada chamaria Morris e Housman de ruins e Hopkins e Rilke[10] de bons. Fazemos o mesmo quando avaliamos os leitores. Estabelecemos uma divisão ampla, e dificilmente questionável entre os que leem pouco, às pressas, sem prestar atenção, de maneira negligente,

---

[10]Rainer Maria Rilke (1875-1926), poeta alemão, considerado um dos mais importantes do século XX. [N. T.]

apenas para passar o tempo, e aqueles para quem a leitura é uma atividade árdua e importante. Então, dentro dessa última categoria, distinguimos o gosto "bom" do "mau".

Ao estabelecer a primeira distinção, estabelecendo limites, um crítico literário que trabalha pelo sistema atual pode alegar que está avaliando livros. Porém, na verdade, os livros que coloca fora do cercado em sua maioria são os livros que nunca leu. Quantos "faroestes" você já leu? Quantos livros de ficção científica? Se um crítico desses é guiado só pelos preços baixos desses livros e pelas ilustrações extravagantes de suas capas, ele está em terreno bastante inseguro. Pode acontecer que ele seja mal visto pelas gerações posteriores, pois uma obra que era mero lixo comercial para os *cognoscenti* de uma geração tem o potencial de se tornar um clássico para outra. Por outro lado, se é guiado pelo desprezo aos leitores de tais livros, então está fazendo um uso grosseiro e não adequado do meu sistema. Seria mais seguro admitir o que ele estava fazendo e fazê-lo melhor, certificando-se de que o seu desprezo não tem nenhuma mistura de um mero esnobismo social ou presunção intelectual. O sistema que proponho atua às claras. Se não podemos observar os hábitos de leitura daqueles que compram faroestes, ou não pensamos que valha a pena tentar, não estamos dizendo nada a respeito dos livros. Se possível, em geral não há muita dificuldade em atribuir esses hábitos ou ao grupo dos literatos ou ao dos não literatos. Se descobrirmos que um livro é lido de certo modo, e ainda mais se jamais descobrirmos que poderia ser lido de outro, temos a tendência de pensar de imediato que se trata de um livro ruim. Por outro lado, se descobrirmos um leitor para quem o livro barato com colunas duplas e desenhos extravagantes na capa tem sido um prazer a vida toda, que o leu e releu, que perceberia e faria objeção se uma única palavra fosse mudada,

O experimento

então, a despeito de quão pouco de nós mesmos nos vemos nele, e a despeito de ele ter sido desprezado por nossos amigos e colegas, não deveríamos colocá-lo fora do cercado.

Tenho motivos para saber quão arriscado o método atual pode ser. A ficção científica é uma província literária que eu visitava com muita frequência; se hoje quase não a visito, não é porque meu gosto melhorou, mas porque a província mudou, estando agora repleta de edifícios novos em um estilo com o qual não me importo. Mas percebi que nos bons e velhos tempos, sempre que críticos diziam alguma coisa a respeito dela, revelavam sua grande ignorância. Falavam como se a ficção científica fosse um gênero homogêneo. Mas não é, em sentido literário, um gênero de modo algum. Não há nada em comum entre todos que escrevem ficção científica, com exceção do uso de uma "máquina" particular. Alguns escritores são da família de Júlio Verne e seu interesse principal é em tecnologia. Alguns usam a máquina só por causa de uma fantasia literária e produzem o que em essência é *Märchen* ou mito. Muitos a usam como sátira. Quase toda a mais contundente crítica americana ao modo de vida americano toma essa forma, e seria denunciada de imediato como não americana se aventurasse em qualquer outra. Por fim, há a grande quantidade de escritores amadores que simplesmente "faturam" com a expansão da ficção científica, e usam planetas remotos ou mesmo galáxias como pano de fundo das histórias de espionagem ou amor que poderiam ser igualmente ou até melhor localizadas em Whitechapel[11] ou no Bronx. E do modo como as histórias diferem em categoria, o mesmo ocorre com seus

---

[11] Whitechapel é uma região da cidade de Londres. A região ficou famosa porque foi ali, no final do século XIX, o assassino em série Jack, o Estripador, cometeu seus assassinatos. [N. T.]

119

leitores. Você pode, se quiser, classificar toda a ficção científica em um único conjunto, mas seria tão inteligente quanto juntar as obras de Ballantyne,[12] Conrad[13] e W. W. Jacobs[14] na categoria "histórias marítimas" e depois criticar *isso*.

Mas é quando chegamos à segunda distinção, aquela feita entre as ovelhas ou dentro do cercado, que o meu sistema difere de maneira mais aguda do sistema estabelecido. Para o sistema estabelecido, a diferença entre distinções dentro do cercado e aquela distinção primária que estabelece os limites do próprio cercado pode ser apenas de grau. Milton é um escritor ruim, e Patience Strong é pior ainda. Dickens (a maior parte dos seus textos) é ruim, e Edgar Wallace[15] é pior. O meu gosto é ruim porque eu gosto de Scott e de Stevenson. O gosto dos que apreciam E. R. Burroughs é pior. Mas o sistema que proponho estabelece uma distinção entre as leituras não de grau, mas de espécie. Todas as palavras — "gosto", gostar", "desfrutar" — trazem diferentes significados quando aplicadas ao leitor não literato e a mim. Não há evidência de que alguém alguma vez tenha reagido a Edgar Wallace como eu reajo a Stevenson. Dessa maneira, dizer que alguém não é literato é a mesma coisa que dizer "este homem não está apaixonado", ao passo que dizer que o meu gosto é ruim é mais como dizer "este homem está apaixonado, mas por uma mulher medonha". E assim como o simples fato que um homem inteligente e de

---

[12] R. M. Ballantyne (1825-1894) foi um escritor escocês de obras de aventura voltadas para um púbico infantojuvenil. [N. T.]

[13] Joseph Conrad (1857-1924), escritor polonês naturalizado inglês, autor de muitas obras de aventuras relacionadas ao mundo dos marinheiros e a vida marítima. [N. T.]

[14] W. W. Jacobs (1863-1943), escritor inglês, autor de várias obras, muitas delas também relacionadas à vida marítima. [N. T.]

[15] Edgar Wallace (1875-1932), romancista inglês, autor de histórias policiais e de suspense. [N. T.]

O experimento

boa educação ama uma mulher a quem não apreciamos nos fará de forma inevitável e acertada considerá-la novamente e procurar nela, e algumas vezes descobrir, coisas que não tínhamos observado antes, de igual maneira, no meu sistema, o simples fato de que as pessoas, ou até mesmo uma única pessoa, possa ler bem de verdade e amar por toda uma vida um livro que considerávamos ruim levantará a suspeita de que aquele livro não pode ser tão ruim quanto pensávamos. Falando com sinceridade, algumas vezes a amante do nosso amigo parece aos nossos olhos tão superficial, estúpida e desagradável que só podemos atribuir ao amor dele a ela um comportamento irracional e misterioso dos hormônios. Da mesma maneira, o livro de que ele gosta pode continuar a parecer tão ruim que temos que atribuir o gosto dele a alguma associação antiga ou a outro acidente psicológico. Mas precisamos, e devemos, permanecer sem ter certeza. Sempre pode haver alguma coisa naquele livro que não conseguimos perceber. É avassaladora a probabilidade imediata de que há alguma virtude em qualquer coisa que já foi lida com interesse e amada obstinadamente por qualquer leitor. Portanto, no meu sistema, condenar um livro desses é algo muito sério. Nossa condenação nunca pode ser definitiva. A questão deve sempre ser reaberta, e não há nenhum absurdo nisso.

Aqui, sugiro, o sistema proposto é o mais realista. Porque, seja lá o que dissermos, estamos todos conscientes em uma hora de tranquilidade que as distinções dentro do cercado são muito mais precárias que a localização do cercado em si, e que nada ganhamos ao disfarçar o fato. Quando assobiamos para manter nossos espíritos em estado elevado, podemos dizer que temos certeza da inferioridade de Tennyson em relação a Wordsworth, bem como a de Edgar Wallace em relação a Balzac. No calor de uma polêmica, você poderá dizer que a minha preferência ao gostar de Milton é um simples exemplo suavizado do mesmo tipo de mau gosto que atribuímos à preferência de quem gosta de quadrinhos. Podemos dizer essas coisas, mas ninguém com sanidade mental acredita de fato nelas. As distinções que estabelecemos entre o melhor e o pior dentro do cercado não são de modo algum como a distinção da literatura "lixo" e da literatura "de verdade". Todas elas dependem de avaliações precárias e reversíveis. O sistema proposto reconhece francamente isso. Esse sistema admite desde o início que não pode haver de maneira plena e definitiva nenhuma "ridicularização" ou "exposição" de qualquer autor que por algum tempo esteve dentro do cercado. Partimos do pressuposto de que, seja o que for encontrado de bom por aqueles que real e verdadeiramente o leram, é bom. Toda probabilidade é contra os que atacam. Tudo que podem esperar fazer é persuadir as pessoas de que isso não é tão bom quanto pensam, confessando livremente que até mesmo esta avaliação pode ser deixada de lado.

Assim, um resultado do meu sistema seria o silenciar do tipo de crítico para quem todos os grandes nomes da Literatura Inglesa — com exceção daquela meia dúzia de protegidos pelo "*establishment*" crítico do momento — são como muitos postes para um cachorro só. Considero que seja uma grande coisa. Esses destronamentos são um grande gasto de energia. A aspereza deles produz calor à custa da luz. Eles não melhoram a capacidade de ninguém para a boa leitura. A maneira verdadeira de consertar o gosto literário de alguém não é denegrir seus favoritos atuais, mas ensiná-la a desfrutar de algo melhor.

Essas são as vantagens que penso podemos esperar ao basear nossa crítica de livros com base em nossa crítica da leitura. Porém, até agora descrevemos o sistema trabalhando idealmente e ignoramos os problemas. Na prática, teremos que nos contentar com menos.

A objeção mais óbvia quanto a avaliar livros pela maneira conforme a qual eles são lidos é o fato de que o mesmo livro pode ser lido de maneiras diferentes. É de conhecimento comum que certas passagens de boas ficções e de boa poesia são usadas por alguns leitores, principalmente meninos do ensino fundamental, como pornografia. E agora, quando Lawrence está sendo publicado em uma edição barata, as ilustrações nas suas capas e a companhia que mantém nas bancas de revista das estações ferroviárias mostra de modo claro que tipo de venda e, por conseguinte, que tipo de leitura os livreiros esperam obter. Portanto, devemos dizer que não é a existência de más leituras que estraga um livro, mas a ausência de leituras boas. Num contexto ideal, deveríamos definir um bom livro como aquele que "permite, convida ou induz à boa leitura". Porém, sempre teremos que ficar limitados a "permite e convida". De fato, pode haver livros que induzem à boa leitura no sentido que ninguém que o lê do jeito errado provavelmente iria passar de algumas poucas páginas. Se você pegar para ler *Sansão agonista*, *Rasselas* ou *Urn Burial*[16] [Urna funerária] para passar o tempo ou se divertir, ou como um auxílio a uma construção egoísta de castelos, você logo os deixaria de lado. Porém, livros que resistem à má leitura não são necessariamente melhores que aqueles que não a resistem. Logicamente, é acidental que algumas belezas possam ser abusadas, e outras não. Quanto a "convidar", um convite

---

[16] *Urn Burial* é uma obra do escritor inglês Thomas Browne, publicada em 1658. O título vem da notícia da descoberta de uma urna funerária romana na cidade inglesa de Norfolk. A partir daí, Browne desenvolve seu texto. [N. T.]

admite graus. "Permissões" são então a nossa âncora-mestra. O livro especialmente ruim é aquele a partir do qual uma boa leitura é impossível. As palavras nas quais existe não suportam uma atenção mais próxima, e o que elas comunicam não lhe oferece nada, a não ser que você esteja preparado para emoções simples ou para devaneios lisonjeiros. Mas "convite" faz parte da nossa concepção de um bom livro. Não é o bastante que uma leitura atenta e obediente seja possível se nos esforçarmos o suficiente. O autor não deve nos deixar fazer todo o trabalho. Deve mostrar, e bem rápido, que sua escrita merece, porque ela recompensa, uma leitura alerta e disciplinada.

Também se pode objetar que assumir nossa posição a respeito da leitura, e não dos livros, é mudar do conhecido para o incognoscível. Os livros, afinal de contas, são possíveis de se obter, e podemos examiná-los. Mas o que podemos aprender de fato a respeito das maneiras pelas quais as pessoas leem? Porém, essa objeção não é tão impressionante quanto parece.

O julgamento das leituras, conforme já afirmei, é dupla. Primeiro, colocamos alguns leitores do lado de fora do cercado, porque eles não são literatos. Depois, dentro do cercado, fazemos uma distinção entre o gosto melhor e o pior. Quando estamos fazendo a primeira parte, os próprios leitores não nos darão nenhuma ajuda consciente. Não falam a respeito de leituras, e não conseguiriam fazê-lo se tentassem. Mas, no caso deles, a observação externa é perfeitamente fácil. A leitura não literata pode ser diagnosticada com certeza onde a leitura desempenha parte muito pequena no todo da vida, e cada livro é abandonado como se fosse um jornal velho assim que foi usado. Não existe leitura não literata quando há um amor apaixonado e constante por um livro, que é relido, e aí então não importa quão ruim pensemos que seja, ou quão imaturo ou não sofisticado pensemos que o leitor seja. (Por releitura

O experimento

quero dizer, evidentemente, uma releitura por livre e espontânea vontade. Uma criança solitária em uma casa onde há poucos livros ou o comandante de um navio em uma longa viagem, ambos poderão ser obrigados a reler qualquer coisa *faute de mieux*.[17])

Quando estabelecemos a segunda distinção — aprovando ou censurando os gostos daqueles que obviamente são literatos —, o teste de observação externa fracassa. Mas, em compensação, estamos lidando nesse caso com pessoas articuladas. Elas vão falar, e até mesmo escrever, a respeito dos seus livros favoritos. Algumas vezes nos dirão explicitamente, e com maior frequência revelarão de maneira involuntária, o tipo de prazer que têm e o tipo de leitura que isso implica. Podemos assim julgar, não com certeza, mas com grande probabilidade, quem recebeu Lawrence com base nos méritos literários de Lawrence e quem está atraído principalmente pela *imago* do rebelde ou do pobre coitado que pratica o bem; quem ama Dante como um poeta e quem o ama como um tomista; quem busca em um autor o engrandecimento de sua estrutura mental e quem busca apenas o engrandecimento de sua autoestima. Quando todos, ou quase todos, os apologistas de um autor revelam motivos não literatos, antiliterários ou extraliterários para sua predileção, teremos uma suspeita justa do livro.

Claro que não iremos nos abster do experimento de lê-lo nós mesmos. Mas o faremos de uma maneira particular. Nada é menos esclarecedor que ler algum autor que atualmente está em baixa (Shelley, digamos, ou Chesterton) com o objetivo de confirmar a má opinião que já temos dele. O resultado é uma conclusão precipitada. Se você não confia na pessoa

---

[17] A expressão francesa *faut de mieux* significa "falta de melhor", ou seja, sem escolha, sem opção melhor. [N. T.]

com quem vai se encontrar, tudo que for dito ou feito por ela parecerá confirmar a suspeita que você sustenta. Poderemos considerar um livro como sendo ruim somente ao lê-lo como se pudesse, afinal, ser muito bom. Devemos esvaziar nossas mentes e manter uma atitude aberta. Não há obra em que lacunas não possam ser preenchidas; nenhuma obra que possa ser bem-sucedida sem um ato preliminar de boa vontade da parte do leitor.

Você pode perguntar por que deveríamos ter tanto trabalho com um livro que quase com certeza é ruim com a chance de na centésima vez encontrar alguma coisa boa nele. Mas não há motivo algum pelo qual deveríamos fazê-lo, a não ser, é claro, para julgá-lo. Ninguém lhe pede que ouça todos os fatos de cada caso que é levado aos tribunais. Porém, se está no banco dos jurados, e mais ainda se você se voluntariou para esta posição, eu acho que deveria. Ninguém me obriga a avaliar Martin Tupper[18] ou Amanda Ross,[19] mas se eu for, devo lê-los de maneira justa.

É inevitável que, para alguns, tudo isso parecerá um artifício elaborado para proteger os livros ruins do justo castigo que merecem. Pode-se até pensar que estou protegendo os meus favoritos ou os dos meus amigos. Não há o que eu possa fazer. Quero convencer as pessoas de que julgamentos adversos são sempre os mais perigosos, porque eu creio que seja verdade. E deveria ser óbvio porque julgamentos adversos são tão perigosos. Uma proposição negativa é mais difícil de estabelecer

---

[18] Martin Tupper (1810-1889), escritor e poeta inglês, cuja obra mais famosa é *Proverbial Philosophy* [Filosofia proverbial], obra de aforismos com tom moralizante. [N. T.]

[19] Amanda McKittrick (1860-1939), romancista e poetisa irlandesa, cujo estilo peculiar de escrita levou alguns críticos a considerarem sua prosa e sua poesia como das piores jamais escritas em língua inglesa. [N. T.]

que uma positiva. Uma olhadela pode nos permitir dizer que há uma aranha na sala; precisaríamos de (pelo menos) uma limpeza completa antes de dizer com certeza que ali não tinha aranha nenhuma. Quando afirmamos que um livro é bom, é porque tivemos uma experiência positiva de leitura da qual seguir. Nós nos sentimos capacitados, convidados e talvez impelidos ao que pensamos ser em todos os aspectos uma boa leitura; em todo caso, à melhor leitura de que fomos capazes. Ainda que possa pairar uma dúvida modesta quanto à qualidade da nossa leitura, é muito difícil que nos enganemos a respeito de qual dentre elas são melhores e quais são piores. Mas, para afirmar que um livro é ruim, não basta descobrir que não provoca nenhuma boa resposta de nós mesmos, pois poderia ser uma falha nossa. Ao dizer que um livro é ruim, não estamos alegando que pode provocar uma má leitura, e sim que é incapaz de produzir uma leitura boa. Não se pode ter certeza quanto aquela proposição negativa. Eu poderia dizer "se fosse para ter prazer neste livro, este só poderia ser o prazer de emoções temporárias, devaneios desejados ou de uma concordância com as opiniões do autor". Mas outros podem ser capazes de fazer aquilo que eu não posso.

Por um paradoxo infeliz a crítica mais sofisticada e sensível está tão exposta a esse perigo particular como qualquer outra. Tal crítica (com justiça) pondera cada palavra e avalia um autor por seu estilo em um sentido muito diferente daquele do traficante de estilos. Ela procura todas as implicações e insinuações pelas quais uma palavra ou frase pode revelar falhas de atitude no autor. Nada poderia ser mais justo. Mas então o crítico literário precisa estar certo de que os belos tons que detectou são realmente comuns para além do seu próprio círculo. Quanto mais sofisticado um crítico for, é mais provável que viva em um círculo muito pequeno de *littérateurs*[20] que se encontra com frequência e leem uns aos outros, e que desenvolveram o que é quase uma língua particular. Se o autor não faz parte do mesmo círculo — e ele poderia ser um homem de letras e de talento sem sequer saber da existência dele —, suas palavras terão todo tipo de insinuações para tais críticos que simplesmente não existem para ele ou para qualquer pessoa com quem já conversou. Há pouco tempo fui acusado de jocosidade por ter colocado uma frase entre aspas. Eu o fiz porque acreditei que a expressão era um americanismo ainda não anglicizado, nem mesmo no uso coloquial. Usei aspas do mesmo modo como teria usado itálico para um trecho em francês; não poderia ter usado itálico porque os leitores poderiam pensar que era para dar ênfase. Se aquele que me criticou tivesse dito que era inadequado, estaria certo. Mas a acusação de jocosidade relevou que havia um mal-entendido entre nós. De onde eu venho ninguém nunca achou que aspas fossem engraçadas; desnecessárias, usadas de maneira equivocada talvez, mas não engraçadas. Meu palpite é que de onde o meu crítico veio as aspas são invariavelmente usadas para sugerir algum tipo de zombaria; e também, talvez, aquilo que para mim é uma língua estrangeira para ele é algo perfeitamente comum. Esse tipo de coisa, penso, não é incomum. Os críticos presumem que o uso do inglês comum no círculo em que eles vivem — um uso que de fato é muito esotérico, nem sempre muito conveniente, e sempre em rápida mudança — é comum a todas as pessoas cultas. Encontram sintomas das atitudes ocultas do autor onde na verdade há apenas sintomas da sua época ou de sua distância de Londres. Ele circula entre eles como um estranho que inocentemente diz algo que na faculdade ou na

---

[20] A expressão francesa *littérateur* designa o homem de letras. [N. T.]

família onde está jantando faz lembrar uma piada ou uma tragédia que não poderia conhecer. "Ler nas entrelinhas" é inevitável, porém, devemos fazer isso com muita cautela ou então poderemos nos encontrar em ninhos de vespas.

Não se poderá negar que o sistema por mim proposto, e todo o espírito desse sistema, deve tender a moderar nossa crença na utilidade da crítica estritamente avaliativa, e em especial suas condenações. Críticos avaliativos, ainda que apenas tenham o direito etimológico ao nome, não são as únicas pessoas chamadas de críticos. A avaliação desempenha papel menor na concepção de crítica de Arnold.[21] A crítica para ele é "essencialmente" o exercício da curiosidade, que define como o "amor desinteressado por um jogo mental livre em todos os assuntos por causa de si mesmo".[22] O que importa é "ver o objeto como ele realmente é".[23] É mais importante ver o exato tipo de poeta que é Homero do que dizer ao mundo o quanto ele deveria gostar desse tipo de poeta. O melhor juízo de valor é o que "se forma de maneira quase insensível em uma mente justa e clara, somada a um conhecimento novo".[24] Se a crítica no sentido de Arnold tem sido adequada em quantidade e qualidade, a no sentido de avaliação dificilmente será necessária. Tampouco é função do crítico forçar suas opiniões sobre os outros. "A grande arte da crítica é manter-se fora do caminho e deixar a humanidade decidir".[25] Devemos mostrar aos outros a obra que alegam admirar ou desprezar como ela de fato é. Descrever, quase definir, seu caráter, e então deixá-los

---

[21] Matthew Arnold (1822-1888), crítico literário inglês. [N. T.]
[22] *Function of Criticism*.
[23] *On Translating Homer*, II.
[24] *Function of Criticism*.
[25] *Pagan and Mediaeval Religious Sentiment* [Sentimento religioso pagão e medieval].

(agora mais bem informados) a suas próprias reações. Em um sentido, o crítico é até mesmo avisado para não adotar um perfeccionismo impiedoso. Ele deve "manter sua ideia do melhor, da perfeição, e ao mesmo tempo ser acessível a cada segundo a tudo de bom que isto pode oferecer".[26] Deve, em uma palavra, ter o caráter que MacDonald atribuiu a Deus, e que Chesterton, influenciado por ele, atribuiu ao crítico, aquele "fácil de agradar, mas difícil de satisfazer".

Considero a crítica, tal como Arnold a concebeu (seja o que for que pensemos da sua própria prática), uma atividade muito útil. A questão é quanto à crítica que se pronuncia a respeito dos méritos dos livros, sobre avaliações e depreciações. Tal crítica já foi considerada útil para escritores. Mas essa alegação já foi de todo abandonada. Agora é valorizada por sua suposta utilidade para os leitores. É desse ponto de vista que vou considerá-la aqui. Para mim, ela subsiste ou cai por causa de sua capacidade de multiplicar, proteger ou prolongar aqueles momentos em que um bom leitor está lendo um bom livro, e o valor da literatura assim existe *in actu*.[27]

Isso me leva a uma pergunta que nunca fiz para mim mesmo até poucos anos atrás. Posso dizer com certeza que qualquer crítica avaliativa já me ajudou de fato a entender e apreciar qualquer grande obra de literatura ou qualquer parte de uma?

Quando pergunto o que me foi útil neste assunto, parece que descubro um resultado inesperado. As críticas avaliativas vêm no fim da lista.

No topo da lista está Dryasdust. Devo muito, e vou continuar devendo, a editores, críticos textuais, analistas e

---

[26] Últimas palavras sobre traduzir Homero.
[27] A expressão latina *in actu* significa "no ato", isto é, no mesmo instante. [N. T.]

O experimento

lexicógrafos que a quaisquer outras pessoas. Se você descobrir o que o autor realmente escreveu e o que aquelas palavras difíceis significam e a que aludiam, terá feito por mim o que cem novas interpretações ou avaliações poderiam fazer.

Devo colocar em segundo lugar aquela classe desprezada, os historiadores da literatura. Quero dizer, os realmente bons, como W. P. Ker[28] ou Oliver Elton[29]. Esses me ajudaram, antes de mais nada, por me dizer que obras existem. Porém, mais ainda, por colocá-las em seus contextos, mostrando-me assim que exigências elas pretendiam satisfazer e que ideias pressupunham haver nas mentes dos seus leitores. Eles me guiaram para longe de abordagens falsas, ensinaram-me o que eu deveria procurar, capacitaram-me de alguma maneira a me colocar no estado de espírito daqueles a quem estavam se dirigindo. Isso aconteceu porque esses historiadores de modo geral levaram a sério o conselho de Arnold de se colocarem fora do caminho. Estavam mais preocupados em descrever os livros que em julgá-los.

Em terceiro lugar, devo em honestidade colocar vários críticos emotivos que, até certa idade, me prestaram um ótimo serviço ao me infectar com seu próprio entusiasmo e, assim, não apenas me orientar, mas me enviar com grande apetite para os autores que admiravam. Não gostaria de reler muitos deles hoje, porém me foram úteis durante um tempo. Eles fizeram pouco por meu intelecto, mas muito por minha "coragem". Sim, até mesmo Mackail.[30]

---

[28] William Patton Ker (1885-1923), ensaísta e crítico literário escocês. [N.T.]
[29] Oliver Elton (1861-1945), crítico literário inglês, autor de obras sobre a história da literatura do seu país. [N.T.]
[30] John William Mackail (1859-1945), educador e crítico literário escocês. [N.T.]

Contudo, quando considero aqueles (excluo os vivos) que estão na lista dos grandes críticos, chego a um impasse. Honesta e estritamente falando, posso dizer com qualquer confiança que minha apreciação por qualquer cena, capítulo, estrofe ou verso foi melhorada por minha leitura de Aristóteles, Dryden,[31] Johnson,[32] Lessing,[33] Coleridge, o próprio Arnold (como um crítico praticante), Pater[34] ou Bradley?[35] Não tenho certeza se posso.

E como de fato poderia ser de outra maneira se invariavelmente avaliamos um crítico pela extensão do que esclarece a leitura que já fizemos? A frase *aimer Montaigne, c'est aimer soi même*,[36] dita por Brunetière,[37] parece-me uma das observações mais profundas que já li. Mas como poderia saber quão profunda é a não ser que entendesse que Brunetière tocou em um elemento do meu gosto por Montaigne que reconheço tão logo ele seja mencionado, mas ao qual ainda não havia prestado a devida atenção? Logo, minha apreciação por Montaigne vem primeiro. Ler Brunetière não me ajuda a gostar de Montaigne. Eu teria apreciado a prosa de Dryden sem conhecer a descrição dela feita por Johnson; não apreciaria

---

[31]John Dryden (1631-1700), poeta e dramaturgo inglês. [N. T.]
[32]Samuel Johnson (1709-1784), escritor e pensador inglês. [N. T.]
[33]Gothold Ephraim Lessing (1729-1781), filósofo, poeta e dramaturgo alemão. [N. T.]
[34]Walter Pater (1839-1894), intelectual e crítico literário inglês. [N. T.]
[35]A. C. Bradley (1851-1935), crítico literário inglês, especialista em Shakespeare. [N. T.]
[36]A frase francesa *"aimer Montaigne, c'est aimer soi même"* significa "amar a Montaigne é amar a si mesmo". A ideia é que o filósofo Montaigne escreveu coisas que, quando lidas, dão ao leitor a impressão de que ele pensa daquele mesmo jeito. [N. T.]
[37]Ferdinand Brunetière (1849-1906), historiador da literatura e crítico literário francês. [N. T.]

plenamente a descrição de Johnson de jeito nenhum sem ter lido as prosas de Dryden. *Mutatis mutandis,* o mesmo vale para a descrição magnífica que Ruskin faz da prosa de Johnson em *Praeterita*.[38] Como poderia eu saber se as ideias de Aristóteles a respeito de um bom enredo trágico eram certas ou tolas a não ser que eu fosse capaz de dizer: "Sim, é exatamente assim que Édipo Tirano produz seu efeito?" A verdade é que não precisamos de críticos para gostar dos autores, mas precisamos dos autores para gostar dos críticos.

A crítica literária normalmente lança uma luz retrospectiva no que já foi lido. Isso algumas vezes pode corrigir uma ênfase exagerada ou um esquecimento em nossa leitura anterior, e assim melhorar uma futura releitura. Mas nem sempre faz isso para o leitor maduro e atento com relação a uma obra que conhece há muito tempo. Se ele foi estúpido o bastante para tê-la lido mal todos esses anos, é provável que continuará a lê-la mal. Na minha experiência, um bom analista ou um bom historiador da literatura, sem uma palavra de elogio ou de depreciação, muito provavelmente nos colocará no rumo certo. E assim é uma releitura independente em um momento tranquilo. Se tivermos de escolher, é sempre melhor ler Chaucer de novo do que uma nova crítica a respeito dele.

Não estou de modo algum sugerindo que uma luz retrospectiva em experiências literárias que tivemos não tem valor. Sendo quem somos, queremos não apenas ter, mas analisar, entender e expressar nossas experiências. E sendo definitivamente pessoas — seres humanos, isto é, animais sociais —, queremos "comparar notas", não apenas no que diz respeito

---

[38] Cap. 12, para. 251. *Praeterita* é a autobiografia de John Ruskin. [N. T.]

à literatura, mas com respeito à alimentação, às paisagens, a um jogo ou a um amigo comum a quem admiramos. Amamos saber exatamente como os outros apreciam o que nós apreciamos. É natural e totalmente apropriado que gostemos de saber como uma mente de alto nível responde a uma grande obra. É por isso que lemos os grandes críticos com interesse (nem sempre concordando com tudo). São ótimas leituras, porém o valor delas, creio eu, como auxílio para outras é superestimado.

Temo que essa opinião do assunto não irá satisfazer o que pode ser chamado de escola de críticos vigilantes. Para estes, a crítica é uma forma de higiene social e ética. Eles veem todo pensamento claro, todo senso de realidade e toda a excelência da vida ameaçada de todos os lados pela propaganda ideológica, pelos anúncios comerciais, pelos filmes e pela televisão. As hostes de Midiã "espreitam e espreitam ao redor".[39] Mas elas espreitam mais perigosamente na palavra impressa. E a palavra impressa é mais sutilmente perigosa e capaz de, "se possível, enganar aos próprios escolhidos",[40] não no caso do lixo óbvio que está fora do cercado, mas em autores que parecem (a não ser que você os conheça melhor) ser "literários" e estarem bem posicionados dentro do cercado. Burroughs e os faroestes enganarão apenas a multidão do povo. Um veneno mais sutil espreita em Milton, Shelley, Lamb, Dickens, Meredith,[41] Kipling ou De La Mare.[42] Contra isso, a escola

---

[39]Trecho de um hino sacro composto por John Mason Neale (1818-1866), clérigo anglicano inglês. A inspiração das palavras de Neale vem das referências bíblicas ao povo de Midiã, citado no Antigo Testamento como um inimigo tradicional do povo de Israel. [N. T.]
[40]Referência a uma palavra de Jesus, registrada em Mateus 24:24. [N. T.]
[41]George Meredith (1828-1909), romancista e poeta inglês. [N. T.]
[42]Walter John De La Mare (1873-1956), poeta e romancista inglês, conhecido por suas obras voltadas para o público infantil. [N. T.]

O experimento

dos vigilantes atua como nossos cães de guarda e nossos detetives. Foram acusados de grosseria, da "obstinação e veemência exagerada em gostar e desgostar — um resquício, suponho, da nossa ferocidade insular" de Arnold.[43] Mas dificilmente isso será justo. São totalmente honestos e levam tudo a sério. Acreditam que estão farejando e examinando um grande mal. Poderiam com sinceridade dizer, como o apóstolo Paulo, "Ai de mim se não pregar o evangelho":[44] ai de mim se não procurar a vulgaridade, a superficialidade e os falsos sentimentos e expô-los onde quer que se escondem. Um inquisidor sincero ou um caçador de bruxas sincero dificilmente fará o trabalho que escolheu com meiguice.

Obviamente é difícil encontrar uma base literária comum na qual possamos decidir se os vigilantes ajudam ou atrapalham a boa leitura. Eles trabalham para promover o tipo de experiência literária que julgam ser boa, mas a concepção que têm do que é bom em literatura forma um todo inconsútil com a concepção total do que entendem que seja bom na vida. Todo o seu esquema de valores, ainda que nunca, creio eu, tenha sido estabelecido *enrègle*,[45] está envolvido em cada ato crítico. Não há dúvida de que toda crítica é influenciada pela visão que o crítico tem de outros assuntos que não a literatura. Mas em geral tem havido alguma liberdade, alguma boa vontade em suspender a descrença (ou a crença) ou até mesmo a repugnância enquanto lemos a boa expressão do que, em geral, pensamos ser mau. Seria possível elogiar Ovídio por manter sua pornografia tão livre do que é sem graça e sufocante e, ao mesmo tempo, desaprovar a pornografia como tal.

---

[43] Últimas palavras sobre traduzir Homero.
[44] 1 Coríntios 9:16. [N. T.]
[45] A expressão francesa *enrègle* significa "de acordo com as regras". [N. T.]

Um experimento em crítica literária

Seria possível admitir que a frase de Housman "um bruto e canalha qualquer fez o mundo" tem a ver com um ponto de vista recorrente, mas, se a analisarmos de maneira fria, a partir de qualquer hipótese a respeito do universo real, este ponto de vista deve ser considerado como tolo. Seria possível, até certo ponto, desfrutar — desde que se "sinta o clima" — a cena de *Filhos e amantes*[46] na qual o jovem casal tem uma relação sexual no bosque, e os dois se sentem como "grãos" em um grande "impulso" (de "vida"), e avaliar de forma clara, como se outra parte da mente, que este tipo de biolatria bergsoniana[47] e a conclusão prática extraída daí é muito confusa, e talvez perniciosa. Mas os críticos vigilantes, descobrindo o tempo todo a expressão do sintoma de atitudes diante das quais é questão de vida ou morte aceitar ou resistir, não se permitem esta liberdade. Nada para eles é questão de gosto. Não admitem uma dimensão da experiência como a estética. Para eles, não há um bem especificamente literário. Uma obra, ou uma simples passagem, não pode ser para eles boa em qualquer sentido, a não ser que seja simplesmente boa, a não ser que revele atitudes que são elementos essenciais na vida que é boa. Logo, é preciso aceitar a concepção (implícita) da boa vida se for para aceitar suas críticas. Isto é, é possível admirá-los enquanto críticos apenas se forem reverenciados como sábios. E antes que os reverenciemos como sábios, é necessário ver estabelecido todo o sistema de valores deles não como um instrumento de crítica, mas se erguendo sobre os próprios

---

[46] *Filhos e amantes* é um romance de D. H. Lawrence publicado em 1912. [N. T.]

[47] O neologismo *biolatria* significa "adoração à vida", e "bergsoniana" refere-se a Henri Bergson (1859-1941), filósofo e escritor francês contemplado com o Nobel de Literatura em 1927. [N. T.]

pés e apresentando suas credenciais — recomendando-se a si mesmo para quem tem condição de julgá-los, isto é, especialistas em moral, teólogos morais, psicólogos, sociólogos ou filósofos. Pois não precisamos andar em círculos, aceitando-os como sábios porque são bons críticos e crendo que são bons críticos porque são sábios.

Enquanto isso, devemos suspender a avaliação quanto ao bem que essa escola pode fazer. Mas, mesmo nesse ínterim, há sinais de que ela pode ser prejudicial. Aprendemos da esfera política que comitês de segurança pública, caçadores de bruxas, membros da Ku Klux Klan, membros da Ordem de Orange,[48] macarthistas *et hoc genus omne*[49] podem se tornar perigos tão grandes quanto aqueles que eles foram formados para combater. O uso da guilhotina se torna um vício. Assim, sob a crítica vigilante, todo mês uma nova cabeça cai. A lista de autores aprovados é absurdamente pequena. Ninguém está a salvo. Se a filosofia de vida dos vigilantes estiver errada, a vigilância já deve ter impedido muitas uniões felizes entre um bom leitor e um bom livro. Mesmo se estiver certa, devemos duvidar se tal cautela, armada tão completamente com uma determinação de não se deixar derrotar, de não sucumbir a qualquer possível apelo enganoso — tal "vigiar o dragão com o olho não encantado"[50] —,

---

[48] A Ordem de Orange é uma organização político-religiosa protestante e maçônica criada na Irlanda do Norte, no século XVIII, com lojas no Reino Unido, na Austrália, na Nova Zelândia, nos Estados Unidos, no Canadá e em alguns países no continente africano. [N. T.]

[49] A expressão latina *et hoc genus omne* significa "e todo este tipo". Equivale em sentido a dizer "gregos e troianos", isto é, pessoas de todas as diferentes tendências. [N. T.]

[50] Citação de um trecho de uma mascarada de John Milton intitulada *Comus*. A mascarada era uma forma de espetáculo muito comum no século XVI que envolvia música, dança e atuação teatral. [N. T.]

é coerente com o estado de rendição necessário para a recepção de uma boa obra. Não se pode estar armado até os dentes e rendido ao mesmo tempo.

Falar de maneira dura com alguém, exigir com severidade que a pessoa se explique, apertar a pessoa com perguntas, atacar todas as aparentes inconsistências pode ser uma boa maneira de desmascarar um falso testemunho ou um mentiroso. Infelizmente também é a maneira de assegurar que, se um homem tímido ou de pouca conversa tem uma história verdadeira e difícil para contar, você jamais descobrirá. A abordagem agressiva e suspeita que pode nos ter salvo de sermos enganados por um autor ruim também pode nos ter deixado cegos e surdos para os méritos tímidos e fugidios de um bom autor — especialmente se estiverem fora de moda.

Portanto, permaneço cético, não quanto à legitimidade ou ao prazer da crítica avaliativa, mas quanto à sua necessidade ou utilidade. Especialmente no presente. Todos que examinam os trabalhos de estudantes de graduação em Literatura Inglesa de uma universidade que se destacam já observou com preocupação sua tendência crescente de verem os livros inteiramente através das lentes de outros livros. Para cada peça, poesia ou romance, apresentam a opinião de algum crítico importante. Um conhecimento impressionante da crítica chauceriana ou shakespereana algumas vezes coexiste com um conhecimento muito precário de Chaucer ou Shakespeare. Encontramos cada vez menos respostas pessoais nos textos lidos. Parece que a conjunção mais importante de todas (o encontro do leitor com o texto) nunca teve permissão para acontecer por si mesma e se desenvolver de maneira espontânea. Aqui claramente os jovens estão encharcados, desnorteados e atormentados a tal ponto pela crítica que a experiência primária de leitura já não é mais possível.

O experimento

Esse estado de coisas me parece ser uma ameaça muito maior à nossa cultura que quaisquer uma daquelas das quais os críticos vigilantes nos protegeriam.

Tal excesso de crítica é tão perigoso que exige tratamento imediato. O excesso, nos foi dito, é o pai da pressa. Sugiro que dez ou vinte de anos de abstinência da leitura e da escrita da crítica avaliativa pode fazer muito bem a todos nós.

EPÍLOGO

No decurso da minha investigação, rejeitei os pontos de vista de acordo com os quais a literatura deve ser valorizada (*a*) por nos dizer verdades a respeito da vida; (*b*) como um auxílio à cultura. Também afirmei que, enquanto lemos, devemos considerar a recepção da obra que estamos lendo como um fim em si. E discordei da crença dos vigilantes de que nada pode ser bom como literatura se não é simplesmente bom. Tudo isso implica a concepção de um "bem" ou de um "valor" especificamente literários. Alguns leitores poderão reclamar que não deixei claro o que o esse bem é. Estaria eu, poderão perguntar, apresentando uma teoria hedonista e identificando o bem literário com o prazer? Ou estou, como Croce,[1] estabelecendo "a estética" como o modo de experiência irredutivelmente distinto do que é lógico e do que é prático? Por que não coloco as cartas na mesa?

Eu mesmo não penso que em uma obra desse tipo tenha uma obrigação clara de fazer isso. Estou escrevendo sobre

---

[1] Benedetto Croce (1866-1952), influente intelectual italiano que se dedicou à estética filosófica. [N.T].

prática literária e experiência a partir de dentro porque alego ser uma pessoa literata e me dirijo a outras pessoas literatas. Você e eu somos de alguma maneira obrigados ou qualificados a discutir no que exatamente se consiste uma boa literatura? Explicar o valor de qualquer atividade e, mais ainda, situá-la em uma hierarquia de valores em geral não é a obra da atividade em si. O matemático, ainda que possa, não precisa discutir o valor da matemática. Cozinheiros e *bons viveurs*[2] podem discutir culinária com muita propriedade, mas não vão discutir se e por que a culinária é importante, e quão importante é que a comida seja deliciosamente preparada. Esse tipo de pergunta pertence ao que Aristóteles chamaria de pergunta "mais arquitetônica"; de fato, a Rainha dos Saberes, se houvesse agora uma pretendente única a esse trono. Não devemos "nos sobrecarregar" muito. Pode até ser uma desvantagem trazer à nossa experiência de boa e má leitura uma teoria completamente formada quanto à natureza e ao *status* do que é literariamente bom. Podemos ser tentados a falsear as experiências de modo a fazê-las basear nossa teoria. Quanto mais especificamente literárias forem nossas observações, menos elas serão contaminadas por uma teoria de valor e mais úteis serão para o nosso inquiridor arquitetônico. Aquilo que dizemos a respeito do bem literário ajudará muito a verificar ou falsificar suas teorias quando for dito sem essa intenção.

Não obstante, considerando que o silêncio pode ser interpretado de maneira sinistra, vou jogar sobre a mesa as poucas e simples cartas que tenho.

Se tomarmos literatura em sentido mais amplo, de modo a incluir tanto a literatura de conhecimento como a de poder,

---

[2] Variação da forma francesa *bonvivant*, mas conhecida no Brasil. [N. T.]

a pergunta "qual é a vantagem de ler o que alguém escreve?" é o mesmo que perguntar "qual é a vantagem de ouvir o que alguém diz?" A não ser que tenhamos em nós mesmos fontes que nos supram de todas as informações, o entretenimento, a orientação, a repreensão e a alegria que queremos, a resposta é óbvia. E se vale a pena ouvir e ler, sempre é válido fazê-lo com atenção. De fato, devemos tentar descobrir até mesmo o que não é digno de atenção.

Quando tomamos literatura em sentido menos amplo, a questão fica mais complicada. Uma obra de arte literária pode ser considerada a partir de dois prismas. Ela ao mesmo tempo *significa* e é. Ela é ao mesmo tempo *logos* (alguma coisa dita) e *poiema* (alguma coisa feita). Enquanto *logos*, conta uma história, expressa uma emoção, exorta, suplica, descreve, repreende ou provoca o riso. Enquanto *poiema*, por suas belezas auditivas, e também pelo equilíbrio, o contraste e a multiplicidade unificada de suas sucessivas partes, é um *objet d'art*, algo formado para dar satisfação. Desse ponto de vista, e talvez apenas dele, o antigo paralelo entre pintura e poesia é útil.

Esses dois aspectos da obra de arte literária são separados por uma abstração, e quanto melhor é a obra, mais violenta a abstração é sentida. Infelizmente é inevitável.

Nossa experiência da obra como *poiema* é inquestionavelmente um prazer intenso. Aqueles que o sentiram querem senti-lo novamente. E buscam novas experiências do mesmo tipo, ainda que não sejam obrigadas a fazê-lo por sua consciência, nem impelidos por suas necessidades, ou enganados por seus interesses. Se alguém negar que uma experiência preenche todas essas condições é um prazer, devemos pedir-lhe que faça uma definição de prazer que a exclua. A objeção real a uma teoria meramente hedonista de literatura, ou das artes em geral, é que o "prazer" é muito sublime, e, por conseguinte, muito vazio, uma abstração. É algo que denota muitas coisas e conota pouco. Se você me disser que algo é um prazer, eu não sei se é mais como a vingança ou como um pão com manteiga na chapa, ou como o sucesso, ou como a adoração, ou a libertação do perigo, ou uma boa coçada onde está coçando. Você terá que dizer que a literatura proporciona não apenas prazer, mas o prazer particular que lhe é próprio; é na definição deste "prazer próprio" que todo o seu trabalho deverá ser feito. Quando você o tiver completado, o fato de no início você ter usado a palavra *prazer* não parecerá muito importante.

Portanto, é inútil, ainda que verdadeiro, dizer que a forma do *poema* nos dá prazer. Devemos nos lembrar de que "forma", quando aplicada àquilo cujas partes se sucedem uma à outra no tempo (como as partes da música e da literatura), é uma metáfora. Desfrutar da forma de um *poema* é algo muito diferente de desfrutar da forma (literal) de uma casa ou de um vaso. As partes do *poema* são coisas que nós fazemos. Pensamos em muitas fantasias, sentimentos imaginados e pensamentos em uma ordem e em um tempo prescritos pelo poeta (uma das razões pela qual é raro que uma história muito "emocionante" produza a melhor leitura é que a curiosidade ambiciosa nos tenta a ler algumas passagens mais rapidamente do que o autor pretendia). Isso é menos como olhar para um vaso que "fazer exercícios" sob a orientação de um especialista, ou tomar parte em uma dança sincronizada criada por um bom coreógrafo. Há muitos ingredientes em nosso prazer. O exercício das nossas faculdades é em si um prazer. A obediência bem-sucedida ao que parece ser digno de ser obedecido e não é obedecido com muita facilidade é um prazer. E se o *poema*, ou os exercícios, ou a dança

Epílogo

for criação de um mestre, os descansos e os movimentos, o acelerar e o desacelerar, as passagens mais fáceis e as mais árduas acontecerão exatamente como precisamos. Seremos surpreendidos de maneira deliciosa pela satisfação de desejos dos quais não estávamos conscientes até que estes são satisfeitos. Terminaremos cansados, mas não cansados demais, e "na medida certa". Seria insuportável se tivesse terminado um momento antes — ou depois — ou de qualquer modo diferente. Olhando em retrospectiva para toda a *performance*, sentiremos que fomos guiados através de um padrão ou arranjo de atividades que era desejado por nossa própria natureza.

Desse modo, a experiência não poderia nos afetar — não poderia oferecer esse prazer — a não ser que fosse boa para nós. Não boa como um meio para um fim além do *poeima*, da dança, ou dos exercícios, mas boa para nós aqui e agora. O relaxamento, o leve (agradável) cansaço, o banimento das nossas inquietações ao final de uma grande obra, tudo isso testifica que a obra nos fez bem. Essa é a verdade por trás da doutrina da *catarse* de Aristóteles e da teoria do I. A. Richards[3]: a "calma mental" que sentimos depois de uma grande tragédia significa na verdade "tudo está bem com o sistema nervoso aqui e agora". Não posso aceitar nenhuma dessas duas teorias. Não posso aceitar a de Aristóteles porque o mundo ainda não entrou em acordo quanto ao que ela significa. Não posso aceitar a do Dr. Richards porque ela está perigosamente próxima de ser uma sanção para a forma mais baixa e debilitante de construção egoísta de castelos. Para ele, a tragédia nos capacita a combinar, em nível incipiente ou imagético, impulsos que colidiriam em ação explícita — o impulso de se aproximar

---

[3] I. A. Richards (1893-1979), crítico literário inglês. [N. T.]

e o impulso de evitar o terrível.[4] Pois bem. Quando eu leio a respeito da caridade praticada pelo Sr. Pickwick, eu posso combinar (em nível incipiente) meu desejo de fazer doações em dinheiro e meu desejo de guardá-lo. Quando leio *Maldon*,[5] eu combino (no mesmo nível) meu desejo de ser muito corajoso e meu desejo de estar em segurança. O nível incipiente é, assim, um lugar você pode comer o bolo e ficar com ele, onde você pode ser heroico sem estar em perigo e ser generoso sem gastos. Se eu pensasse que a literatura faz esse tipo de coisa comigo, nunca mais leria nada. Mas, ainda que rejeite a teoria de Aristóteles e a do Dr. Richards, penso que elas são do tipo certo e que estão juntas contra todos que querem encontrar o valor literário das obras em "opiniões" ou "filosofias" de vida, ou até mesmo "comentários" sobre a vida. Os dois situam a bondade (onde realmente sentimos que ela está) no que nos aconteceu enquanto líamos, não em algumas consequências remotas e meramente prováveis.

É apenas por ser também um *poiema* que um *logos* se torna uma obra de arte literária de algum modo. De modo inverso, as imaginações, as emoções e os pensamentos dos quais o *poiema* constrói sua harmonia surgem em nós e são dirigidos pelo *logos*, e sem o *logos* não existiriam. Visualizamos Lear na tempestade, compartilhamos de sua raiva, consideramos toda a sua história com compaixão e horror.[6] Assim, reagimos a algo que em si não é literário e nem verbal. A literatura, nesse caso, está nas palavras que apresentam a tempestade, a fúria,

---

[4] *Principles of Literary Criticism* (1934), pp. 110, 111, 245.
[5] Referência ao poema *A batalha de Maldon*, escrito em inglês antigo e que narra uma batalha entre saxões e vikings ocorrida em Essex, Inglaterra, no ano 991 d.C. [N. T.]
[6] Referência à peça *Rei Lear*, de William Shakespeare. [N. T.]

Epílogo

toda a história, de modo a despertar essas reações e ordená-las conforme o padrão da "dança" ou do "exercício". A *Aparição* de Donne,[7] enquanto *poiema*, tem um propósito muito simples e sobremaneira eficiente — um movimento de insulto direto leva, de modo inesperado, não a um clímax, mas a uma reticência que é muito mais sinistra. O material desse padrão é o rancor que, enquanto lemos, compartilhamos com Donne. O padrão lhe dá finalidade e uma espécie de graça. De modo semelhante, em uma escala muito maior, Dante ordena e dá padrão aos nossos sentimentos e às imagens do universo tal como ele os supôs, ou parcialmente imaginou serem.

A classificação leitura com rigor literário, oposta à leitura científica ou informativa, aponta para o fato de que não precisamos aprovar o *logos* ou acreditar nele. Muitos de nós não acreditamos que o universo de Dante é como o universo real. Muitos de nós, na vida real, consideraríamos a emoção expressa na *Aparição* de Donne como sendo boba e degradada ou até mesmo, o que é pior, desinteressante. Nenhum de nós pode aceitar ao mesmo tempo as visões da vida de Housman[8] e de Chesterton,[9] ou aquelas do *Omar* de Fitzgerald[10] e de Kipling. Qual é então a vantagem de — ou mesmo a justificativa — ocupar nossos corações com histórias daquilo que

---

[7] Referência ao poema *The Apparition* [A aparição], do poeta inglês John Donne (1572-1631). [N. T.]
[8] Alfred Edward Housman (1859-1936), poeta inglês de estilo classicista. [N. T.]
[9] Gilbert Keith Chesterton (1874-1936), escritor e pensador inglês, apologista do cristianismo, autor de vasta obra que exerceu considerável influência sobre o pensamento de C. S. Lewis. [N. T.]
[10] Referência à obra *Rubayat de Omar Khayan*, seleção de poemas do poeta persa Omar Khayan (1048-1131), traduzidos para o inglês por Edward Fitzgerald, em 1859. [N. T.]

nunca aconteceu, ou entrar indiretamente nos sentimentos que deveríamos evitar ter em nossas vidas? Ou de fixar com seriedade os olhos do nosso interior em coisas que nunca podem existir — no paraíso terrestre de Dante, em Tétis surgindo do mar para confortar Aquiles,[11] a Senhora Natureza de Chaucer ou de Spenser, ou o navio fantasma de *O conto do velho marinheiro*?

Não ajuda em nada tentar fugir da questão localizando todo o valor de uma obra literária em seu aspecto de *poiema*, pois é a partir dos nossos interesses variados no *logos* que o *poiema* é feito.

O mais próximo que consegui chegar de uma resposta é que buscamos um crescimento do nosso ser. Queremos ser mais do que somos. Cada um de nós, por natureza, vê todo o mundo a partir de um ponto de vista com uma perspectiva e uma seletividade peculiar a si mesmo. E mesmo quando desenvolvemos fantasias desinteressadas, estas estão saturadas e limitadas pela nossa própria psicologia. Concordar nessa particularidade no nível sensorial — em outras palavras, não dar um desconto à perspectiva — seria loucura. Deveríamos então crer que a estrada de ferro se estreita à medida que a distância aumenta. Porém, queremos também fugir das ilusões de perspectiva em níveis mais elevados. Queremos ver com outros olhos, imaginar com outras imaginações, sentir com outros corações, e com os nossos próprios também. Não estamos contentes em sermos as mônadas de Leibniz.[12]

---

[11] Na mitologia grega, Tétis, uma deusa do mar, é a mãe do herói Aquiles. [N. T.]
[12] Gottfried Wilhelm Leibniz (1646-1716), matemático e filósofo alemão. Formulou o conceito de *mônada*, que seria a essência irredutível do ser. Conforme Leibniz, a mônada está para a realidade metafísica assim como o átomo está para a realidade física. [N. T.]

Epílogo

Exigimos janelas. A literatura enquanto *logos* é uma série de janelas, ou mesmo de portas. Uma das coisas que sentimos depois de ler uma grande obra é "eu saí". Ou, a partir de outro ponto de vista, "eu entrei", perfurei a concha de alguma outra mônada e descobri como é dentro dela.

Por conseguinte, a boa leitura, ainda que em essência não seja uma atividade afetiva, moral ou intelectual, tem alguma coisa em comum com estas três possibilidades. No amor, nós escapamos do nosso próprio ser para entrar em outro. Na esfera moral, cada ato de justiça ou caridade envolve nos colocarmos no lugar da outra pessoa e, assim, transcender a nossa própria particularidade competitiva. Ao conseguirmos entender qualquer coisa, rejeitamos os fatos como são para nós e aceitamos os fatos como realmente são. O impulso primário de cada um é manter e engrandecer a si mesmo. O impulso secundário é sair do ser, corrigir seu provincianismo e curar sua solidão. Estamos fazendo isso no amor, na virtude, na busca pelo conhecimento e na recepção das artes. Obviamente esse processo pode ser descrito ou como um engrandecimento, ou como uma aniquilação temporária do ser. Mas isso é um antigo paradoxo: "quem perder a sua vida, salvá-la-á".[13]

Como consequência, nós temos satisfação em entrar nas crenças de outras pessoas (aquelas, digamos, de Lucrécio[14] ou de Lawrence[15]), ainda que pensemos que não são verdadeiras. E nas paixões deles, ainda que as julguemos depravadas, como, algumas vezes, as de Marlowe[16] ou

---

[13] Referência a um dito de Jesus registrado em Mateus 16:25, Marcos 8:35; Lucas 9:24. [N.T].
[14] Lucrécio (94? a. C.-55 a. C.), poeta e filósofo romano. [N. T.]
[15] D. H. Lawrence (1885-1930), poeta e romancista inglês. [N. T.]
[16] Christopher Marlowe (1564-1593), dramaturgo e poeta inglês, do período elizabetano. [N. T.]

Carlyle.[17] E também na imaginação deles, ainda que lhes falte completo realismo de conteúdo.

Isso não deve ser entendido como se eu estivesse mais uma vez fazendo da literatura de poder um departamento dentro da literatura de conhecimento — um departamento que existia para satisfazer nossa curiosidade racional a respeito da psicologia de outras pessoas. Isso é não em absoluto uma questão (naquele sentido) de conhecimento. É *connaitre* ("conhecer"), não *savoir* ("saber"); é *erleben* ("vivência"). Nós nos tornamos esses outros "eus". Não apenas nem principalmente para ver como são, mas para ver o que eles veem; ocupar, por um momento, o assento deles no grande teatro, usar seus óculos e se livrar de quaisquer percepções, alegrias, terrores, maravilhas ou diversões que esses óculos revelem. Nessa altura é irrelevante se o estado de humor expresso em um poema era verdadeira e historicamente o estado de humor do próprio poeta ou um que ele também imaginou. O que importa é sua capacidade de nos fazer vivê-lo. Duvido se o Donne histórico deu mais que um refúgio brincalhão e dramático ao estado de humor expresso em *A aparição*. Duvido mais ainda se o Pope histórico, salvo enquanto escreveu, e mesmo assim mais que dramaticamente, sentiu o que expressou na passagem que começa com "Sim, estou orgulhoso".[18] O que isso importa?

Tanto quanto consigo entender, esse é o valor ou benefício específico da literatura considerada como *logos*. Ela nos permite ter experiências que não são as nossas. Nem todas elas têm o mesmo valor, assim como as nossas próprias

---

[17]Thomas Carlyle (1795-1881), historiador e escritor escocês da chamada Era Vitoriana. [N. T.]
[18]Epilogue to the *Satires*, dia, ii, 1. 208.

experiências também não têm. Algumas delas, conforme costumamos dizer, "interessam-nos" mais que outras. As causas desse interesse são natural e extremamente variadas e diferem de uma pessoa para outra. Pode ser o típico (e aí dizemos "isso é verdade!") ou o anormal (e aí dizemos "que estranho!"). Pode ser o belo, o terrível, o que causa espanto, o estimulante, o patético, o cômico ou o simplesmente picante. A literatura proporciona uma *entrée* para todas essas possibilidades. Aqueles dentre nós que têm sido verdadeiros leitores durante toda a vida raramente compreendem de maneira plena a enorme extensão do nosso ser da qual somos devedores aos escritores. Compreendemos isso mais quando conversamos com um amigo que é um leitor não literato. Pode ser uma pessoa cheia de bondade e bom senso, mas é alguém que vive em um mundo minúsculo. Nós nos sentiríamos sufocados nesse mundo. A pessoa que está contente em ser apenas ela mesma e, portanto, menos que um "eu", está em uma prisão. Os meus olhos não são o bastante para mim. Eu vejo através dos olhos dos outros. A realidade, mesmo vista através dos olhos de muitos, não é o bastante. Eu verei o que outros inventaram. Mesmo os olhos de toda a humanidade não são suficientes. Lamento que os animais não possam escrever livros. Eu aprenderia com muita alegria qual é a imagem que as coisas têm para um rato ou para uma abelha. Mais alegre ainda ficaria se percebesse o mundo olfativo carregado com todas as informações e emoções que este mundo tem para um cão.

A experiência literária cura a ferida da individualidade sem diminuir o seu privilégio. Há emoções de massa que curam a ferida, mas destroem o privilégio. Nossos seres isolados se fundem nelas, e afundamos em uma subindividualidade. Mas, ao ler a grande literatura, eu me torno mil homens e, mesmo assim, continuo a ser eu mesmo. Tal como o céu noturno no poema grego, eu vejo com uma miríade de olhos, mas ainda sou eu quem o vê. Na adoração, no amor, na ação moral e no conhecimento, eu transcendo a mim mesmo, e nunca sou mais eu mesmo do que quando faço isso.

APÊNDICE

Uma nota sobre
Édipo

É bem possível que alguns irão negar a história de Édipo ser atípica com base que havia algumas sociedades nas quais casamentos entre pais e filhos eram legais.[1] Essa teoria pode ter algum apoio naqueles mitos não incomuns nos quais a deusa Terra tem um jovem consorte que é também o filho dela. Mas tudo isso é irrelevante para a história de Édipo tal como a temos. Pois não é simplesmente uma história a respeito de um homem que se casou com a sua própria mãe, mas a história de um homem cruelmente destinado a se casar com a sua própria mãe, sem saber e sem querer, em uma sociedade na qual casamentos assim eram considerados abomináveis. Sociedades que aprovam tais casamentos, se é que existem, seriam exatamente o tipo de sociedade na qual uma história como a de Édipo jamais seria contada, porque ela não faria sentido. Se casar-se com a própria mãe é tão normal quanto se casar com a moça que mora na casa ao lado, então não é mais sensacional que se casar com a vizinha, e aí então não vale a pena fazer disso uma história. Podemos talvez afirmar

---

[1] Apollodorus, *Bibliotheca*, ed. J. G. Frazer (Loeb, 1922), vol. II, pp. 373 *sq*.

Um experimento em crítica literária

que a história é "derivada" de memórias vagas de uma época passada ou de rumores vagos de uma cultura estrangeira, onde não havia objeção ao casamento entre pais e filhos. Mas a lembrança deve ter se tornado tão "vaga" — falemos de maneira franca, tão errônea — que o costume antigo não é reconhecido como um costume de jeito nenhum, e qualquer exemplo dele que é lembrado é confundido com um acidente monstruoso. E as culturas estrangeiras devem ter sido tão estranhas que o que foi dito a respeito delas foi de alguma maneira mal-entendido pelos contadores de histórias. Caso contrário, a história, tal como a temos, está arruinada — do mesmo modo como a história de Tiestes[2] estaria arruinada se fosse contada em uma sociedade na qual dar a um convidado a carne dos seus próprios filhos fosse uma reconhecida forma de hospitalidade. A ausência e mesmo a impossibilidade de conceber tal costume é a *conditio sine qua non* da história.

---

[2] *Tiestes* é uma peça teatral de autoria do filósofo romano Sêneca (4-65), que, baseado na mitologia grega, conta a história trágica de um homem chamado Tiestes, que seduziu a esposa do seu próprio irmão, chamado Atreu. Este, como vingança, finge que quer se reconciliar e convida o irmão para um banquete. Findo o banquete, Atreu revela que a carne comida por Tiestes era a dos seus três filhos. Enlouquecido pela dor, Tiestes lança uma maldição contra a descendência de Atreu. [N. T.]

Um experimento
em *crítica literária*

Outros livros de C. S. Lewis pela
Thomas Nelson Brasil

A abolição do homem
A última noite do mundo
Cartas a Malcolm
Cartas de um diabo a seu aprendiz
Cristianismo puro e simples
Deus no banco dos réus
Os quatro amores
O peso da glória
Reflexões cristãs
Sobre histórias

Trilogia Cósmica

Além do planeta silencioso
Perelandra
Aquela fortaleza medonha

Este livro foi impresso em 2020, pela Ipsis,
para a Thomas Nelson Brasil. A fonte usada
no miolo é Adobe Caslon Pro corpo 11,5.
O papel do miolo é avena 80 g/m².